"五"国家重点出版物

"三农"系列丛书

培育农业农村发展新动能

——新产业、新业态与新机制

彭 超◎编著

中国农业出版社

北京

图书在版编目（CIP）数据

培育农业农村发展新动能：新产业、新业态与新机制 / 彭超编著. — 北京：中国农业出版社，2019.10
（"大国三农"系列丛书）
"十三五"国家重点出版物
ISBN 978-7-109-25798-6

Ⅰ. ①培⋯ Ⅱ. ①彭⋯ Ⅲ. ①农业经济发展－研究－中国②农村经济发展－研究－中国 Ⅳ. ①F327.71

中国版本图书馆CIP数据核字（2019）第173161号

培育农业农村发展新动能——新产业、新业态与新机制
PEIYU NONGYE NONGCUN FAZHAN XIN DONG NENG—XIN CHANYE、XIN YETAI YU XIN JIZHI

中国农业出版社出版
地址：北京市朝阳区麦子店街 18 号楼
邮编：100125
责任编辑：徐芳　武旭峰　　　责任校对：吴丽婷
文字编辑：周珊
版式设计：北京八度出版服务机构
印刷：北京通州皇家印刷厂
版次：2019 年 10 月第 1 版
印次：2019 年 10 月北京第 1 次印刷
发行：新华书店北京发行所
开本：700mm×1000mm　1/16
印张：11
字数：156 千字
定价：60.00 元

信凯同志托我为他担任总主编的"'大国三农'系列丛书"作序，起初恐言不达意而稍有踟蹰，但翻阅书稿后，欣然提笔，因为这套丛书从立意到内容都打动了我。

大国三农，这个丛书名字气势磅礴，说明策划编写立意高远。"农者，天下之本也。"重农固本是安民之基、治国之要。"三农"问题不仅事关人民群众的切身利益，同时也关系到社会的安定和整个国民经济的发展。正如习近平总书记指出："我国13亿多张嘴要吃饭，不吃饭就不能生存，悠悠万事，吃饭为大。"他还强调："我国是个人口众多的大国，解决好吃饭问题始终是治国理政的头等大事。"

新中国成立70年，尤其是改革开放以来，我国的"三农"事业发展取得了令世界瞩目的成就。全国粮食总产量接连跨上新台阶，特别是近五年来，我国粮食连年丰收，产量已稳定在1.2万亿斤以上，解决了13亿人的温饱问题；肉类人均占有量已超过世界平均水平，禽蛋达到了发达国家水平，"吃肉等过节"已经成为人们的记忆；农村贫困人口持续减少，2018年贫困发生率下降到了 1.7%；农业现代化水平大幅提高，农业科技进步贡献率达到 56.65%，靠天吃饭逐渐成为历史……

但是，我们也应该清晰地看到，我国农业的基础仍然比较脆弱，正如习近平总书记强调："一定要看到，农业还是'四化同步'的短腿，农村还是全面建成小康社会的短板。"在大国小农的背景下，如何让农业成为有奔头的产业，让农民成为有吸引力的职业，让农村成为安居乐业的美丽家园，这套丛书给出了清晰的答案：乡村振兴战略为农业农村的未来发展描绘了宏伟而美好的蓝图；把饭碗牢牢端在自己手上，保障国家粮食安全；加强从田间到餐桌的风险治理，确保舌尖上的安全；培育壮大新型农业经营主体，解决未来谁种地的问题；建设美丽乡村，改善农村人居环境；给农业插上科技的翅膀，用科技创新驱动农业现代化；培育新产业、新业态与新机制，为农业农村发展提供新动能。

以信凯同志为首的丛书作者都是高等院校的中青年专家，有着丰富的研究功底和实践经验，对丛书内容的把握深浅得当，既有较强的理论性，也有丰富的实践性资料；表达叙述做到了用浅显易懂的语言把复杂问题讲清楚；图说、数说、声音、案例等多种多样的辅助性材料使得内容鲜活生动，避免了枯燥的说教。整套丛书对我国农业农村的整体情况进行了全景式展现，尤其是对党的十八大以来农业农村发展的新成就进行了总结，对"三农"事业的未来发展做出了前瞻性展望。

毫不夸张地说，现在的农业早已不是过去的样子了，从事农业工作再也不是"面朝黄土背朝天"了，农业是最有发展前景的行业，未来的发展方向是机械化、信息化、智能化，甚至要艺术化。现在的年轻人，尤其是学习农业专业的青年学生们，一定要了解我国农业农村的现状和未来，树立自信，从事农业不仅大有可为，而且是大有作为；一定要打心底里懂农业、爱农业，志存高远，为国家和社会的发展和进步奋斗，这样的人生才有意义。

民以食为天，食以稻为主。从而立至耄耋，我为水稻育种事业和人类温饱问题奋斗了几十年，无怨无悔，矢志不渝。我有两个梦：一个是禾下乘凉梦，梦想试验田里的超级杂交稻长得有高粱那么高、稻穗有扫把那么长、谷粒有花生米那么大，我坐在禾下悠闲地纳凉；另一个是杂交稻覆盖全球梦，希望全世界不再有饥荒，人类不用再忍受饥饿。

我始终坚信，在党和国家的高度重视和坚强领导下，充分发挥社会主义制度优势，不断激发"三农"工作者的积极性、创造性和主动性，通过汇集全社会的磅礴力量，农业强、农村美、农民富的壮美图景必将早日实现。

实现"中国梦"，基础在"三农"。

谨以为序。

2019年5月

前 言
PREFACE

新中国成立以来,我国农业农村发展取得了举世瞩目的历史性成就。这其中,拼资源、拼投入带来的传统动能功不可没。然而,随着经济发展进入新常态,资源环境约束越来越强,劳动力成本优势逐渐减弱,传统动能加速由强变弱,弊端渐显。现阶段,我国农业农村发展正处于转方式、调结构的关键时期,亟需新动能异军突起,发展新产业、催生新业态、建立新机制,拓展农民增收新渠道,为农业农村高质量发展注入现代要素活力,增强农业农村发展内生动力,助推农业农村可持续高质量发展。

"非新无以为进,非旧无以为守",改造传统农业,培育发展农业农村新动能,使农业农村走上依靠现代要素、现代技术、现代管理方法经营的高质量发展之路,是各国共同的追求。新动能是驱动农业农村现代化的关键要素配置方式和发展促进机制,这意味着新的发展动力和新的发展方式。虽然,不同历史发展阶段的农业农村发展动能存在着明显差异,但每一个时期的发展动能大多遵循经济学的利益驱动原理,其核心本质都是以技术创新为引领,以产业为核心,以生产要素为支撑的动力机制。

习近平总书记在2017年底召开的中央农村工作会议上指出,实施乡村振兴战略是中国特色社会主义进入新时代做好"三农"工作的总抓手。2018年中央1号文件对实施乡村振兴战略作了系统部署。这些为推进我国农业农村经济发展、培育农业农村发展新动能指明了方向,提供了政策依据。在这一背景下，本书以当前农业农村经济发展现实情况为基础，基于农业发展的历史视角与国际视野，全面系统地阐述了培育农业农村发展新动能的迫切需要和可行路径，力图回答：在当前经济发展新形势下，应该采取什么样的方式发展新产业、新业态，才能更好地满足人民日益增长的美好生活需要，助推乡村振兴战略开好局、起好步，取得扎实成效。

本书主要内容包含以下七个部分：

第一，转换接力正当时。基于政策解读和理论分析的视角，系统阐释农业农村发展新动能的内涵、现实需要以及实现方式。

第二，催生培育新动能。以当前农业农村发展的实际情况和现实需求为出发点，从需求、主体、产业和机制等四个方面解读如何培育农业农村发展新动能。

第三，产业融合促创新。在理论分析的基础上，结合农业农村发展的典型实践，全面阐述一二三产业融合发展在培育农业农村发展新动能过程中起到的重要作用。

第四，"互联网＋"拥未来。结合数字图表，以描述性统计的方式直观展示大数据、物联网、移动互联网以及云计算等数字信息化技术在未来农业发展中的应用前景，研判农业与互联网技术融合发展的可行路径。

第五，绿色发展转方式。通过梳理绿色发展理念的历史脉络，揭示绿色发展的必要性以及如何实现农业绿色发展，强化绿色发展、可持续发展理念在培育农业农村发展新动能过程中的重要作用。

第六，改革创新添动力。从粮食收储制度、农业农村发展用地保障机制、农村集体产权制度、农村金融发展体系、财政支农投入机制以及农业补贴制度等方面，展示培育农业农村发展新动能所处的制度环境。

第七，乡村振兴济巨川。对农业生产体系、农业经营体系以及农业产业体系的未来发展进行合理展望，以期为农业农村发展新动能的培育、乡村振兴战略的有效实施提供一定的政策空间。

　　本书在写作过程中吸收了编者以往的部分研究报告和成果，中国人民大学马彪博士作了部分编辑整合工作，中国农业出版社徐芳编辑为本书的出版做了很多辛勤工作，感谢他们的努力付出。还有很多以往的合作者贡献了研究智慧，不再一一致谢。愿本书为生发和优化农业农村发展新动能提供一定的参考。

编著者

2018年12月

目 录
CONTENTS

序

前言

1 转换接力正当时——如何理解农业农村发展新动能

1.1 发展动能与农业农村发展新动能 / 001

1.2 农业农村发展新动能的现实需要 / 008

1.3 多措并举促进农业发展新旧动能转换 / 010

2 催生培育新动能——怎样培育新动能

2.1 不断增强新需求的拉动力 / 017

2.2 不断增强新主体的带动力 / 019

2.3 不断增强新产业、新业态的牵动力 / 023

2.4 不断增强新体制、新机制的推动力 / 026

3 产业融合促创新——一二三产业融合

3.1 什么是一二三产业融合？ / 033

3.2 一二三产业融合与乡村振兴战略 / 035

3.3 我国农村一二三产业融合的理念创新与典型实践 / 039

4 "互联网＋"拥未来——互联网＋农业农村现代化

4.1 互联网与农业的跨界融合 / 045

4.2 "大物移云"的未来 / 049

4.3 "互联网＋"拥抱未来的路径 / 057

5 绿色发展转方式——农业绿色发展

5.1 什么是绿色发展 / 065

5.2 农业为什么要实现绿色发展 / 070

5.3 农业怎么实现绿色发展 / 073

6 改革创新添动力——农村改革和创新

6.1 优化粮食价格形成机制和收储制度 / 080

6.2 探索建立农业农村发展用地保障机制 / 095

6.3 深化农村集体产权制度改革 / 099

6.4 加快农村金融创新进程 / 111

6.5　改革财政支农投入机制／117

6.6　完善农业补贴制度／134

7　乡村振兴济巨川——2035 年的农业展望

7.1　2035 年的农业生产体系／152

7.2　2035 年的农业经营体系／154

7.3　2035 年的农业产业体系／155

1 转换接力正当时
——如何理解农业农村发展新动能

1.1 发展动能与农业农村发展新动能

1.1.1 发展动能

2017年中央1号文件明确提出，通过深化改革，创新机制体制，促进技术创新与应用，通过市场合理配置生产要素，为农业农村的可持续发展提供新动能。然而，在2017年中央1号文件中，并没有像对农业供给侧结构性改革一样对农业农村发展新动能的含义给出明确界定。但从2017年中央1号文件的标题中不难看出，农业农村发展动能转换与农业供给侧结构性改革密不可分，深入推进农业供给侧结构性改革，其中必然包含农业农村发展新旧动能的转换。

要理解农业农村发展新动能，最好的办法是先理解发展动能。2017年1月20日国务院办公厅印发的《关于创新管理优化服务培育壮大经济发展新动能加快新旧动能接续转换的意见》（国办发〔2017〕4号）指出，"以技术创新为引领，以新技术、新产业、新业态、新模式为核心，以知识、技术、信息、数据等新生产要素为支撑的经济发展新动能正在形成"，即经济发展新动能主要是指知识等新生产要素，通过新技术、新业态、新模式等共同推动经济发展。遵循这一界定，不难看出经济发展动能的内涵不仅包括生产要素，还包括动力机制的实现方式及条件。

农业发展的不同历史阶段，其动力机制均具有不同的实现方式和条件，或者存在不同的模式。传统农业是在自然经济条件下，依靠土地和劳动力增加农产品产量作为农业发展动能，其中土地和劳动力被称为初始资源禀赋。政府和农业生产经营主体在市场经济条件下分别主要通过激励增加和直接增加化学投入物、机械和设施以及新种子等物化技术实现高产，或者说通过现代生产要素投入来提高土地生产率和劳动生产率这一主导动力机制，成为现代农业发展的常规动能。后现代农业（未来的农业）发展，主要依靠信息等新要素打造新产业、新业态，实现农业的多功能性。需要指出的是，在现实生活中人们往往并不明显区分现代农业和后现代农业，通常把两者都统称为现代农业。新产业、新业态、新模式可以让曾经难以在市场经济中实现价值的生态环境在农业发展中发挥极其重要的作用。由此可见，在农业发展的不同历史阶段，发展动能是有明显差别的。

1.1.2 农业农村发展新动能

"非新无以为进，非旧无以为守"，新动能就意味着新的发展动力和新的发展方式。随着世界经济一体化进程的深入，全球市场资源要素的不断融合，我国经济发展已经步入新常态，新的经济发展理念、新的生产技术以及新的经济发展模式也不断向"三农"领域逐渐渗透。目前，我国农业农村经济分化特征不断加强，新动力在分化中孕育形成，老动力在分化中蓄力盘整。在此背景下，我国农业农村的发展也势必会出现一系列新的时代特点。农产品供求结构失衡、要素配置不合理、资源环境压力大、传统比较优势和增长动能明显弱化等诸多现实问题正摆在我们面前。因此，在未来较长一段时期内，我国农业将处于新旧动能转换的攻坚阶段，坚持用新理念引领新发展已经成为社会各界的共识。深化农业供给侧结构性改革，适应新需求，依靠新主体，引入新技术，组织发展新产业、新业态，加快推动经济增长新旧动能的有序转换。只有成功地构建新的农业发展动力机制，依赖信息、知识、大数据和良好的生态环境等新要素投入，探索出具体的可以增加农业生产经营者盈利的新产业、新业态模式，才能从根本上促进农业供给质量不断提高，才能确保农民增收和农产品有效供给目标的实现。转换农业农村发展动能，加快培育壮大农业发展新动能、改造提升农业发展的传统功能，是深入推进农业供给侧结构性改革的重要着力点，是中国农业发展转型升级与结构调整优化的重要途径。

根据上述理论分析和我国农业农村发展的实际情况可知，所谓的农业农村发展新动能就是推进农业农村发展所依赖的新动力和能量源泉，能够有效推动农业发展的各种新力量均可以被称为农业农村发展的新动能。李国祥认为，农业发展的动力机制及其实现方式和条件是我国农业农村发展新动能的核心[①]，而实现我国农业发展特定目标所呈现出的主导生产要素作用方式则是我国农业农村发展新动能的重中之重。

1.1.3 我国农业农村经济发展新旧动能转换的历史进程

1.1.3.1 传统农业发展的动能

推动传统农业发展的动能主要是劳动的密集投入和有限的技术进步，而资本投入在传统农业发展中的作用并不突出[②]。中华人民共和国成立初期，全国人口增加的比例与农业产出增长的比例大体相当。在这种情况下，农业的进步主要得益于耕地面积的扩大，水稻、玉米等新品种的引进，以及肥料和人工投入的增加。由于耕地面积的增加是有限度的，新作物的效应在漫长的传统农业发展进程中也并不常见，只有人工投入是唯一的变量。传统农业对劳动投入的高度依赖性导致了我国传统的农业生产表现出明显的以劳动代替资本和土地的倾向。这种传统农业的发展方式自1978年农村改革以来在我国大部分地区仍然在延续，直到工业化、城镇化开

---

① 李国祥，论中国农业发展动能转换 [J] .中国农村经济，2017 (7)：2-14.
② 黄宗智，经验与理论：中国社会、经济与法律的实践历史研究 [M] .北京：中国人民大学出版社，2007：38.

始持续大量吸纳农村劳动力为止。

20世纪70年代末以后，我国逐步在全国范围内建立起家庭联产承包责任制，打破了人民公社时期的"大锅饭"，同时提高农产品统购价格，农户家庭取代生产队成为农业生产的基本单位，获得了对土地、资本、劳动力的经营自主权，并且在农产品收益上也分享到了更多的成果。农村土地承包经营权改革和统购价格提高，极大地调动了亿万农民的生产积极性，农业产值迅速增长，不仅迅速解决了农民温饱问题，还为非农产业发展和城镇居民提供了充足的农产品供给。1985年，我国居民人均粮食、油料、水果、肉类和水产品的占有量分别比1978年增长12.9%、200%、57.1%、100%和40%，到80年代中期我国甚至成为粮食净出口国。

20世纪80年代中期，家庭承包经营改革效应和农产品统购价格提价效应逐步释放完成，农业增长速度开始放缓。其间，农业全要素生产率一直在0.05左右徘徊，这意味着农业技术效率和制度效率提升较小。在这一背景下，国家增加农业科技投入、改革农产品流通体制、发展农用工业、加大劳动力转移、缩小工农产品"剪刀差"，农业生产效率再度提高。尤其是，农业科技进步与推广、农产品流通体制改革接力成为农业发展的主要动能。80年代末，杂交水稻、小麦精播半精播栽培等技术迅速推广，大幅提升了粮食单产。1995年，我国粮食、棉花、油料、猪牛羊肉、水产品、牛奶的人均占有量达到387千克、4千克、18.7千克、27.42千克、20.9千克、4.8千克，比1985年分别增加了7.3%、2.6%、24.7%、63.7%、211.9%、100%。到90年代中期，我国再度成为粮食净出口国。

20世纪90年代中后期，耕地面积不断减少，青壮年劳动力迅速流出农业，农业生产增速明显下降。根据随机前沿生产函数的估计，农业机械动力投入对农业产值的弹性由正转负，化肥和劳动力投入产出弹性均有不同程度的下降。在这一背景下，国家通过提升农业发展科技含量，推广高产作物品种，大量使用农药、化肥等化学投入品，更新换代农业机械，提高了土地产出率、劳动生产率和资源利用率，大幅提升了农业综合生产能力。小麦氮肥后移、北方水稻旱育稀植、新品种玉米等技术与品种迅速推广，推动了农作物单产提升，也进一步优化了农业布局。与此同时，国家建立完善农产品市场体系，推动批发市场升级改造，并大力发展农业产业化，促进产销对接。2005年，全国亿元以上粮油类、肉禽蛋类、水产品类、蔬菜类、干鲜果品类商品批发市场成交额分别达到901.77亿元、557.65亿元、3674.99亿元、241.59亿元、297.33亿元，成交金额与第一产业产值之比达到0.26∶1，全国农业产业化经营组织近14万个，带动生产基地10亿亩*，农户9 000多万户。

1.1.3.2 现代农业发展的动能　改造传统农业，使农业走上依靠现代要素、现代技术以及现代管理方法经营的现代化之路，是世界上大多数国家的共同追求。美国著名经济学家舒尔茨认为，改造传统农业不在于"节约和勤劳工作"，而在于使农业能够得到新的生产要素或生产技术。现代农业与传统农业根本的区别在于是否有新要素、新技术的持续投入。与传统农业主要依靠劳动的密集投入不同，现代农业发展的原动力主要是技术进步和资本投入。

---

* 亩为非法定计量单位，1亩 ≈ 667米²。——编者注

部分学者认为，育种技术的进步，农业基础设施的完善，化肥、农药、机械技术等现代生产要素的投入，都表现为农业生产过程中资本投入的增加。因此，农业资本化是现代农业的核心和本质，增加资本投入对传统农业向现代农业的转变具有重要意义。

进入21世纪，国家果断做出了"工业反哺农业，城市支持农村"的战略判断，探索直接补贴种粮农民，不断扩大农业补贴的门类、受益范围，提高农业补贴额度，形成了以支持"耕地农用"为主要目标，以直接补贴农业生产者为主要方式，低标准、广覆盖、普惠制的农民收入补贴政策。构建了以稳定和提高粮食产能为主要目标，以生产者自愿申请、政府部门遴选、补贴以项目或奖励形式落实为主要方式，设备购置、技术补助等多种操作模式并用的农业生产补贴政策。2004—2015年种粮农民直接补贴、农资综合补贴、农作物良种补贴"三项补贴"的资金规模由116亿元增长到1 415亿元，农机购置补贴由7 000万元增长到237.55亿元，且补贴落实方式不断优化。与此同时，国家实施了包括最低收购价、临时储备收购、储备农产品竞价交易在内的农产品价格支持政策，不断提高托市收购价格，为农业发展提供良好的市场和政策环境；采取了市场化调节和政策扶持相结合的方式，定向奖励和财政贴息相互补充，推动形成金融产品和服务方式持续创新的农业金融支持政策；探索建立了"政府扶持引导、部门协同推进、保险机构市场运作、农民自愿参加"的农业保险发展模式和"中央支持保基本，地方支持保特色"的农业保险制度；形成了以"财政奖补"引导为主、社会力量多方参与，以提升农业综合生产能力、农业科技创新能力、农业公共服务能力、农业资源环境保护与利用能力和农村民生基础设施服务能力为目标的基础设施建设政策；初步探索形成了以促进资源永续利用、遏制环境恶化和农业可持续发展为目标，通过控制农业用水总量，实现化肥农药减量，促进农作物秸秆、畜禽粪便和农膜残留基本实现资源化利用等为具体指向，调整优化农业结构、转变农业发展方式的政策体系。这些举措为农业发展提供了较为充沛的动能，在耕地面积和农业劳动力减少的情况下，实现了农业生产力的飞跃发展，农业综合生产能力稳步提高。

2004—2015年粮食生产实现了历史性的"十二连增"，棉、油、糖、肉、蛋、奶以及水产品均供给充足，农业物质装备条件显著改善。2016年，我国农业生产实现了由传统作业方式向农业机械化作业方式的历史性转变，全国农作物的综合机械水平约为65%。新型农业经营体系加速构建，2016年多种形式适度规模经营面积占比超过30%，畜禽养殖规模化率超过56%，家庭农场、种养大户、合作社、龙头企业等新型农业经营主体已逐步成为现代农业建设的生力军。农产品质量安全水平稳中有升。2016年，国内蔬菜、畜禽和水产品的质量合格率分别为96.8%、99.4%、95.9%，农产品质量的总体合格率为97.5%，基本遏制了重大农产品质量安全风险。

历史经验表明，农业农村经济发展新动能不仅是农村经济增长的动力，也是农业结构优化和化解各类风险的动力。传统意义上的产业转型升级也是新动能的一种，而且传统产业升级还是现阶段最为重要的动能之一。当前，我国农业农村经济增长动力还不够足，新旧动能转换力度还不够大，需要培育壮大以新技术、新产业、新业态、新模式为核心，以知识、技术、信息、数据等新生产要素为支撑的经济发展新动能。

1.2 农业农村发展新动能的现实需要

1.2.1 农业农村发展传统动能不断减弱

长期以来，我国农业走的是一条高投入、高消耗、高污染、产量导向的发展道路，农业发展的可持续性较差，我国与美国、日本、德国等国家相比化肥使用量一直居高不下。从国家统计局发布的一些数据来看，2004—2015年的12年间，虽然粮食总产量由46 947.0万吨增加到62 144.0万吨，增长了32.4%，但是同期化肥施用量由4 636.6万吨增加到6 022.6万吨，增长了29.9%；农药使用量由146.0万吨增加到178.3万吨，增长了22.1%；农用塑料薄膜使用量由168.0万吨增加到260.4万吨，增长了55.0%。可以说，化肥、农药和农用塑料薄膜等生产要素在一定程度上促进了我国农业的不断发展。

但值得关注的是，随着农产品市场运行态势的变化，中国农业发展方式已经开始发生转变。2015年，中国农药使用量比2014年下降了1.3%。《中华人民共和国2016年国民经济和社会发展统计公报》数据显示，2016年我国化肥使用量开始下降。农业关键要素投入的减少实际上正是农业农村发展新旧动能转换的表现。

农业农村发展新动能不仅体现在农业关键要素投入对农业增产的影响等方面，还体现在农业政策和惠农举措上。依靠"包""转""提""补"等传统动能，已难以支撑农业农村经济可持续发展。"包"的功效已接近极限，"转"的空间正逐步收缩，"提"和"补"也都受到了农产品国际市场价格以及"黄箱"支持上限两块"天花板"的限制。

消费、投资和贸易等传统动能正在减弱。作为农业发展"三驾马车"的农产品消费、农业投资和农产品进出口的增长速度均已出现明显的下降趋势。有关部门数据显示，近年来我国农村居民食品消费支出增长速度、农业投资增长速度和农产品出口额增长速度均有所下滑，分别下降了5个百分点、6个百分点和4个百分点。导致消费、投资、贸易等传统动能减弱的原因有三个：一是我国农产品消费已经步入换挡减速阶段，对质的要求超过对量的需求；二是我国经济发展进入新常态，市场机制正逐渐占据主导地位，政府财政投入的增长速度明显放缓，经济发展的外在环境约束明显增强，农药、化肥等传统生产要素的边际收益率正在逐年下降，市场主体低迷的投资回报率导致了各主体投资积极性出现了大幅下降；三是国际市场需求不高，农产品市场竞争日趋激烈，贸易增长空间收窄。这些表明，我国已到了只有更多依靠新动能才能实现升级发展、持续发展的阶段。

1.2.2 转换农业农村发展动能是推进农业供给侧结构性改革的必然要求

2017年中央1号文件明确提出，要推动中国农业发展由过度依赖资源消耗向追求绿色生态可持续转变，由主要满足量的需求向更加注重满足质的需求转变。这是中国农业发展动能转换的根本方向。巩固农业供给侧结构性改革成果，从根本上破解农业结构性矛盾等难题，迫切需要转换农业发展动能。在农业发展传统动能实现的农业高产、增产格局下，化肥、农药、农用塑料薄膜等农用化学品投入总体上不断增加，不仅增加了农业投入成本，也使农业化学投入品利用率偏低，导致农产品品质下降、农产品质量安全风险上升、农业污染问题日益突出，成为社会和公众关注的热点问题。随着中国农业供给侧结构性改革的深入推进，保护农业资源、治理农业环境突出问题、改善农业资源环境的力度将不断加大，必然要求加快转换农业发展传统动能。

随着我国对外开放力度的不断扩大，农业国际化趋势不可逆转，农产品进口对中国农业影响越来越大，特别是中国农业国际竞争力偏弱的问题更加凸显。农业国际化使中国农业生产的竞争更加激烈，不仅表现在农业生产的资源配置方面，即农业生产效率的竞争，而且也突出表现在消费领域，即消费者对农产品质量安全的更高要求和更多选择。在有些情形下，并不是国内不能够生产某些农产品而出现进口，也不完全是国内生产的农产品价格比国际市场价格高，而是进口农产品品质更高，消费者对进口农产品安全保障更加信赖。近年来粮食供给侧出现的产量不断创历史纪录、库存压力越来越大和进口规模持续扩大的"三高"现象是中国农业发展面临国际化形势的集中反映。单纯地依赖政策支持农业，不仅会违背世界贸易组织（WTO）农业规则和中国加入世界贸易组织有关农业补贴微量允许等方面的承诺，而且实施扭曲市场的政策措施并不能从根本上解决中国农产品供求的结构性矛盾。有效应对农业国际化挑战，避免农业国际化带来国内农业萎缩，也迫切要求加快中国农业发展动能转换。

1.3 多措并举促进农业发展新旧动能转换

随着经济发展进入新常态，资源环境约束越来越强，劳动力成本优势逐渐减弱，传统动能加速由强变弱，弊端渐显，未来较长的一段时间内，都将是我国农业发展新旧动能转换的关键时期。因此，必须改造提升好传统动能、培育壮大好新增长动能，深化农业供给侧结构性改革，加快培育农业农村发展新动能，充分释放新需求的拉动力、新主体的带动力、新技术的驱动力、新产业新业态的牵动力、新体制新机制的推动力，不断开创现代农业建设和农村经济发展新局面。

1.3.1 强化农业农村发展动能转换的观念

总体上看，我国农业农村发展面临的矛盾主要包括以下几个方面：资源环境承载能力接近极限而绿色生产及清洁生产广泛推行十分艰难；农产品消费升级而供给没有有效跟进；国外农产品强势进入而国内农业抵御国际市场冲击能力未能及时提升；农民增收传统路径失效而新路径又没有开辟出来。不能否认，有时农产品高产与提高农产品品质和安全保障水平具有统一性，但是更多的情形是农产品高产与农产品品质和安全性是相互矛盾的。2017年中央1号文件把"增加产量与提升品质"作为亟待破解的首要矛盾。增加产量，农产品品质和安全性可能就会降低；提高农产品品质和安全性，就可能无法实现农业高产。在农产品供给充裕的情形下，当农产品高产与品质和安全性提升发生冲突时，把提高品质和安全性放在优先位置无疑是理性的。

如果继续把农业增产增效增收作为农业发展的主要目标，尽管也强调绿色发展和生态文明，强调农产品质量和食品安全，但是，由于原有技术支撑体系和农业农村工作机制的惯性影响，在农业发展的具体行动上仍然主要抓农业生产规模的扩大、单产水平的提高，这样就无法确保农业发展动能转换取得实质进展。减少化肥、农药施用，增施农家肥和有机肥，在技术上的极大可能是单产水平的下降。如果农业发展目标不调整，农业发展传统动能就会继续发挥作用，农民和农村工作者仍然不会改变依靠化肥、农药等要素投入来增产的观念。

农业高效往往被理解成更高的土地生产率、劳动生产率和其他资源或者投入物的单位产量。而事实上，农业高效不仅包括实物生产率，而且应包括相对较高的经济效益。当实物生产率与经济效益出现矛盾时，市场经济条件下理应放弃对实物生产率的追求而把经济效益放在突出位置。因此，随着中国农业发展进入新历史阶段，农业发展目标定位应为优质、安全、生态、增收，而不应继续追求单纯的高产高效。

1.3.2 改善支农公共性资源配置

中国在农业供给侧结构性改革实践中，已经合并了农业"三项补贴"，对玉米收储制度和价格形成机制进行了改革。未来要在农业科技创新、资源分配方面深化改革。科技创新立项必须放弃对单产和资源利用率的过度追求，而要把农业生产经营者增收放在首位，把更好地满足消费者对农产品的需求放在突出位置，以农业科技创新引领农业发展动能转换。

实现农业发展动能转换，要加强各地农业生产中化肥、农药减量施用以及农作物秸秆还田等清洁生产的监测与考核，把清洁生产方面的监测指标作为粮食生产大县获得上级公共预算的重要依据。多年来，中国逐步建立了粮食主产区利益补偿机制，对粮食生产大县的一般性转移支付和财政奖补力度不断加大。粮食生产大县获得的上级财政支持资金，其规模主要依据粮食产量、调出量和粮食播种面积等指标确定。建议至少在深入推进农业供给侧结构性改革实践中暂时减少粮食产量和调出量等数量指标权重，重点依据粮食播种面积和清洁生产等方面情况确定上级财政对粮食生产大县的补偿力度。

实现农业发展动能转换，国家政策性收储要突出质量差别。中国实行多年的最低收购价格政策，虽然也有质量差价，但质量指标体系仅仅考察水分含量、杂质率等指标，普遍都没有将市场对质量要求的关键指标包含进来。同一品牌、同一批次、同一档次的商品，质量应基本一致，否则，加工经营企业在市场上销售商品时，如果质量与价格不能很好地对应起来，就会影响到品牌的口碑，影响品牌价值。

1.3.3 加快构建优质绿色农产品价格机制

转换农业发展动能，必须更好地发挥市场机制的决定性作用。为此，在深入推进农业供给侧结构性改革实践中，不仅要深化粮食等收储制度改革，尽可能小地扭曲、甚至不扭曲农产品市场，而且要加快构建优质绿色农产品价格形成机制，加大农产品市场治理力度，促进农产品市场走向成熟，培育壮大农业发展新动能。

自20世纪80年代中期中国农产品流通体制改革以市场化为主要方向以来，中国在粮食等大宗农产品价格形成过程中政府阶段性发挥主导作用，其他农产品价格形成机制基本上以市场自发调节为主。自2014年以来，中国着力推进农产品价格形成机制改革。到2016年，除核心产区小麦和稻谷价格形成受政府最低收购价政策影响外，其他农产品价格基本上都是市场自发调节。

在市场存在着无数农产品供给者和需求者的情况下，农产品价格自发形成，虽然能够灵敏地反映并调节市场供求关系，但是，也无法克服农产品市场剧烈波动和"柠檬市场"效应等弊端。如果具有"柠檬市场"属性的农产品市场运行机制不能进行有效改变，市场主体转换农业发展动能的力量就不足。一旦农产品市场供求关系趋紧，农业生产经营者通过增加化肥和农药施用量来增加产量、实现增收的动力势必又将恢复，农业发展动能转换时机可能又将失去。最终能否走出农产品市场自发调节和政府强干预农产品价格形成的两难困境，直接关系到农业发展动能能否转换和农业供给侧结构性改革能否不断地取得新实效。为此，要加大农产品市场治理力度，支持农产品品牌建设，推进农村一二三产业融合，促进农业发展动能转换。

加大农产品市场治理力度，就是要克服农产品自发市场弊端，通过法治途径确保优质绿色农产品市场健康运行。要加快中国农产品市场交易立法，成立相应执法机构，建立相应执法队伍，规范上市交易农产品的有害残留物（农药残留、重金属）检测、卫生状况监督、生产过程中的化学品投入、成熟程度、等级和外形以及包装标识等管理，引导农民组织和农产品加工、流通等行业组织在农产品成熟程度、等级和外观外形要求等方面设定进入市场的最低标准，对违反农产品市场交易规则的行为要加大处罚力度。

1.3.4 加快培育农村与农业相关的新产业、新形态

长期以来，受人们观念以及难以找到有效途径的影响，资源环境因素很难成为市场经济中微观主体发展农业的驱动力量。保护和改善资源环境似乎只是政府的责任和行为。农业生产经营主体在主观上一般都不太注重资源环境的保护和改善，也没有动力采取切实行动保护和改善资源环境。

农业供给侧结构性改革，就是要尽快把农产品有效供给与资源环境保护和改善有机地统一起来，并形成良性循环，相互促进，让资源环境等新要素能够成为生产力。资源环境好坏与农产品质量高低和食品安全状况在很大程度上具有一致性。农业资源环境良好，生产的农产品质量和食品安全状况一般也会相

对较好。因此，改善和保护农业资源环境，促进农业可持续发展，就是提高农产品质量和食品安全保障水平。如何让保护和改善资源环境的农业生产经营者获得更多收益，让损害和恶化资源环境的农业生产经营者付出实际代价？

近年来，中国各地探索将文化、生态、旅游与农业有机地融合起来，走出了一条农业发展的新路。随着人们生活水平的提高，经济支付能力的增强，人们越来越愿意在具有更高安全保障的农产品消费和休闲旅游等方面花钱。通过有机农业的发展，特别是旅游业与现代农业发展相融合，优美的生态环境成为农业农村发展的重要推动力量。

中国近年来涌现出的新产业、新业态，除了来源于新科技成果的广泛应用外，还来源于不同领域的跨界融合。农村一二三产业融合成为新历史阶段农业发展的重要方向。不仅如此，产业融合还与新农村建设有机地结合起来，形成了"产城融合"和"产村融合"的新模式，这在实际中一般被称为综合体。2017年中央1号文件在总结各地经验的基础上，提出要在培育宜居、宜业的特色村镇中，支持集循环农业、创意农业、农事体验于一体的田园综合体发展。发展与农业直接相关的新产业、新业态，创新市场经济条件下的产业营利模式，让农业生产经营者有经济动力保护和改善资源环境，除提供优质、绿色、安全的农产品外，还实现农业可持续发展，通过保护和改善资源环境来实现优质、绿色、安全农产品生产，为提高农产品供给质量探索有效途径，这是农业发展动能转换的根本。

链接

2016年12月31日，《中共中央 国务院关于深入推进农业供给侧结构性改革 加快培育农业农村发展新动能的若干意见》由中共中央、国务院发布，并于即日起正式实施。

经过多年不懈努力，我国农业农村发展不断迈上新台阶，已进入新的历史阶段。农业的主要矛盾由总量不足转变为结构性矛盾，突出表现为阶段性供过于求和供给不足并存，矛盾的主要方面在供给侧。农产品供求结构失衡、要素配置不合理、资源环境压力大、农民收入持续增长乏力等问题仍很突出，增加产量与提升品质、成本攀升与价格低迷、库存高企与销售不畅、小生产与大市场、国内外价格倒挂等矛盾亟待破解。因此必须顺应新形势新要求，坚持问题导向，调整工作重心，深入推进农业供给侧结构性改革，加快培育农业农村发展新动能，开创农业现代化建设新局面。

拓展阅读

2018年1月3日，国务院正式批复《山东新旧动能转换综合试验区建设总体方案》。国务院以"国函1号文"签发山东区域经济发展新战略，标志着山东新旧动能转换综合试验区建设正式成为国家战略[1]。作为新年首个区域性国家发展战略，新旧动能转换综合试验区落户山东，给处在"爬坡过坎"关键阶段的经济大省——山东，带来

---

[1]《国务院关于山东新旧动能转换综合试验区建设总体方案的批复》（国函〔2018〕1号），2018年1月3日。

发展良机，也将打通我国经济热度传导的梗阻，优化南北方发展格局。山东省经济结构与全国经济结构的相似度高，典型示范性强，选择山东省作为全国第一个新旧动能转换综合试验区，表明了国家培育新的经济增长点、形成新动能，带动北方地区经济协调发展，优化南北经济发展格局的决心。

2 催生培育新动能
——怎样培育新动能

2.1 不断增强新需求的拉动力

2.1.1 新需求是市场拉动力

当前，消费已经成为我国经济增长的第一驱动力，经济结构正在朝向服务业主导加快转变。一方面，消费结构持续升级带动居民消费潜力有序释放，人民群众对安全农产品、优质农产品、清洁环境等的期待持续上升，健康、养老、文化、旅游等服务消费正在成为新的增长点，形成巨大的农产品市场规模。另一方面，农产品消费新业态不断涌现，信息技术的广泛运用特别是移动互联网的普及，催生跨区跨境、线上线下、体验分享等多种消费业态，"互联网+"有效衔接农产品供需两端，为消费增长创造了广阔前景。与其他国家相比，我国还具有明显的地域差异和巨大的市场空间优势，任何一个细分市场都能支撑成千上万个农业经营者的发展，特别是对特色优势农产品而言，即使相对小众的农业市场领域也可以提供大量的发展机遇和市场需求。

2.1.2 新需求是孕育新动能的源泉

由于我国曾经在很长一段时间内出现过食品短缺问题，导致我国对粮食安全具有很强的危机意识，追求粮食产量就变成了我国农业发展所追求的目标，长期依靠拼资源、拼消耗、拼投入来实现年度产量增长。虽然国内农产品供应数量日益丰富，但高端优质产品供给总量不足，导致新需求"外溢"，甚至出现了部分国产品种阶段性滞销而国外同类产品大量进口的局面。这既是供给结构与需求结构脱节引发的问题，也是推进培育新动能的市场机遇。具体来看，主要有以下几个方面：

一是品种结构优化带来新动能。未来一段时期，我国谷物消费总量将稳步增长，结构升级，带动产能进一步提高。食用油膳食营养需求增加和健康消费观念提升，带动产量增速放缓趋势，木本油料等健康产品潜力释放。棉花终端产业转移、高端消费增加，带动棉花产量、面积双双下降，产能向优势区集中。食糖总消费将继续保持增长，带动单产和种植效益双提高。畜禽消费将继续呈现多样化发展趋势，高蛋白、高营养、低脂肪的动物性食品增加，带动奶制品、牛羊肉、禽蛋和水产品等消费市场扩大。品种结构的持续优化将为农业农村经济发展打开新的市场空间。

二是产品品质升级催生新动能。2017年我国人均国内生产总值（GDP）已超过8 800美元，进入食品消费结构加快转型升级的新阶段，人们不仅要求吃得饱，而且要吃得好、吃得安全、吃得营养，未来优质安全生态农产品的需求潜力巨大。目前，我国优质绿色农产品的消费群体已初具规模，消费市场已逐渐成熟，供应体系也逐步形成。安全、优质、绿色的粮油稻米、水果、蔬菜、肉蛋奶等农产品供求良性互动格局正在形成。产品品质的不断升级将引领新一轮的消费增长点。

三是产品市场细分产生新动能。我国居民对食物的需求越来越精致化、特色化，已经超越了对农产品初级诉求的传统阶段。例如，在饲料行业需求的影响下，玉米的加工分化成了角质型、粉质型和复合型三类；在烘焙业需求的带动下，小麦在加工和销售环节被细分成强筋、中筋和弱筋三个类型。受消费者需求结构升级带动，农产品加工业的市场份额稳步提高，农产品市场细分将为提升农业新动能带来强劲的市场动力。

四是区域发展差异蕴含新动能。我国不同地区之间农业资源禀赋不同、发展不均衡，意味着潜力足、韧性强、回旋余地大。从某种意义上来说，发展差距正是增长的潜力所在。我国城乡区域差距大，发展空间广阔。随着我国新型城镇化的快速推进，农村发展潜力进一步释放。同时，区域发展战略和政策体系完善，将持续拓展发展空间，形成农业农村经济持续发展的战略支撑。

2.1.3 新需求不会自然而然转化为新动能

当前，迫切需要适应消费升级，顺应新需求、创造新需求、引领新需求，拓展未来发展新空间。第一，以市场为导向，逐步优化农业的生产结构和资源配置情况，淘汰落后的农业生产方式和产能，加大优质品种的生产力度，强化农业生产、流通环节的监管体系，促进农业生产和营销的标准化、品牌化和绿色化。第二，大力发扬工匠精神，着力提高农产品质量和竞争力，实现供给体系由以中低端产品为主向以不断适应需求变化的中高端产品为主转变，把流到国外的中高端需求拉回到国内来，支持地方以优势企业和行业协会为依托打造区域特色品牌。第三，根据市场需求引导农户生产特色农产品，在加快优势作物发展的同时，促进瓜果蔬菜、桑蚕茶叶等的"提挡升级"，延长农产品产业链，拓展农产品的增值空间。

2.2 不断增强新主体的带动力

2.2.1 新主体是农业农村新动能的承载主体

新主体是新动能的承载主体，体现我国农业农村经济的组织活力。近年来，农民专业合作社、家庭农场、农业龙头企业等新型农业经营主体发展势头迅猛，我国农业正呈现出家庭经营、合作经营、集体经营和企业经营等多元模式并存的态势。

　　截至2018年，全国各类家庭农场已超过87.7万家，通过农业权威部门认定的家庭农场占比约为50%，种植业家庭农场平均经营耕地面积约为170亩，家庭农场已逐渐成为中国农业生产的生力军。作为新型农业经营主体的另一重要组成部分，农民专业合作社的组织形式也越来越丰富，其所涉及的行业领域也在不断拓展，带动作用也越来越显著。据统计，全国依法登记的农民专业合作社超过180万家，入社农户占全国农户总数的44%。其中，达到"国家级示范社"标准的农民专业合作社有8 000家，达到县级以上示范社标准的农民专业合作社13.5万家。农业龙头企业等农业产业化经营组织约达38.6万个，其中农业龙头企业数量占到农业产业化经营组织总数的一半，销售收入超过9亿元，所提供的农产品及加工制品占农产品市场供应量总数的33%，占城市居民"菜篮子"的67%。多种形式适度规模经营已经成为我国农业经营的主要形式，种植业规模化率超过30%，畜禽养殖业规模化率超过56%。2017年，我国高素质农民总数超过1 500万人，新型农业经营主体总量超过290万个。在农民工返乡创业方面，据有关部门统计，截至2017年末，由农村流向城镇的各类人员返乡创业人数累计达到570多万人，其中农民工人数达到了450余万人。

需要注意的是，本部分所提到的新主体不仅包括合作社、家庭农场等新型农业经营主体和服务主体，还包括退伍军人、农民工、大学生等返乡下乡创业人员以及社会资本、互联网公司等创投主体。这些新主体，已成为带动农民进入市场、增加收入、建设现代农业的重要主体和引领力量。

2.2.2 新型农业经营主体面临的困难及未来发展路径

虽然，新型农业经营主体发展势头良好，但其在发展过程中也面临着诸多困难。一是由于大宗农产品价格下降导致生产成本刚性上涨，经营主体的利润空间有限；二是由于农业基础设施负债压力导致生产经营成本过高，仅靠新型农业经营主体自身难以负担，抵御外来风险冲击的能力有限；三是经营主体在信贷、保险、设施用地等方面问题突出，合格的经营人才和后继者缺乏，农业经营主体效率无法充分发挥；四是新型农业经营主体与普通农户的利益联结不够紧密，带农、惠农效果不够显著，经营主体自身也不够规范。因此，未来一段时期内需要立足我国农业经营规模小的实际情况，引导小农融入现代农业发展，充分激发其创业、创新、创造活力。鼓励农民通过土地流转、生产托管等方式逐步扩大农业生产、经营规模，加快生产区域化、服务社会化、产业集中化的进程，进而充分发挥区域规模优势、农业服务规模优势以及产业规模优势，因地制宜、因时制宜构建多种形态的复合型的新型农业经营体系。

第一，大力培育高素质农民。在相当长的历史时期内，进行传统生产的普通农户仍是基本面，是我国农业农村经济"稳"的基础。高素质农民培育要坚持公益性、基础性、战略性的定位，充分考虑农村大多数还是一家一户生产的现实，加快建立教育培训、认定管理和政策扶持"三位一体"的高素质农民培育制度，造就一支高素质的农业生产经营者队伍。

第二，以新理念促成长。在新动能领域内的各类新型农业经营主体多处于初创期、市场拓展阶段，如果仍坚持以往"扶优扶强"的扶持理念，难以满足现阶段新型农业经营主体的需求。因此，需要尽快建立以普惠性为核心、兼顾功能性的新政策体系，不断优化帮扶流程，进而全面提升创新创业主体的服务水平，为新型农业经营主体在政策信息、法律支持、场地建设等方面提供"点对点"的服务，密切跟踪新型农业经营主体的发展情况，提升新型农业经营主体的活跃度。

第三，培养农业农村经济发展带头人。现阶段，越来越多的城市精英、大学生、转业军人回乡发展，因此，有必要为各类跨界融合人才提供良好的政策环境，为农村创新创业人才量身打造投资创业政策，制订更为精准的战略性人才培养计划，保证"大众创新、万众创业"的强劲动力。根据"新农人"跨界经营的特点，打破原有的监管模式和属地化扶持机制，创新人才评价和激励办法，建立分类认定、精准支持机制，促进系统整合的创新创业生态圈建设。

第四，完善利益分享机制。充分发挥新型农业经营主体的带农、促农作用，完善普通农户和新型农业经营主体的利益联结机制，如溢价收购、订单带动、利润返还、股份合作等。鼓励地方政府将新型农业经营主体带动农户的数量和效果作为相关支农财政资金和项目审批、验收的重要参考依据。

2.3 不断增强新产业、新业态的牵动力

2.3.1 新产业、新业态是我国农业农村经济发展的牵动力

新产业涉及众多行业，既包括产业园、创业园、休闲农业、体验农业等农文旅产业结合新模式，也包括特色村镇、风情小镇、美丽乡村等城乡结合新模式。当前，我国工业化、城镇化、信息化进入中后期发展阶段，与农业现代化的协调、互促、融合加深。信息技术对农业全方位渗透，农业管理模式创新突破，农业多功能性日益显现，休闲观光农业、农产品电子商务、现代农业服务业快速发展壮大。蓝色海洋农业、无土无水栽培瓜果蔬菜、在荒漠化地带种植苜蓿、在盐碱地进行集装箱养鱼等高效益农业产业新业态不断出现，会展农业、农业嘉年华、定制农业、社区支持农业、中央厨房、食品短链、养老养生等新产业、新业态蓬勃发展。这些农业新经济点燃了全社会投资热情，2016年民间对第一产业的固定资产投资完成额超过1.50万亿元，并以年均22.4%的速度不断递增。全国农村固定观察点体系调查数据显示，自2012年以来约有3.1%的农户家庭成员返乡创业，其中从事农业及其相关行业的占比约为47.3%。以此推测，2012年以来全国至少有超过700万农民工等各类主体返乡下乡创业就业。2016年休闲农业和乡村旅游销售额已经超过5 700亿元，接待游客21亿人次，带动农户672万户。

农业多功能性

目前，我国正处于传统农业向现代农业转型的关键阶段。由于现代农业不仅要确保单纯的粮食安全，还肩负着保护生态、调节环境、优化能源、传承乡村文化等多重功能，所以在新时期，我们要在保障粮食安全的原有基础上，着眼提高农户收益、优化产业结构、拓展农户的新潜力。以融合发展促进农业发展为目标，努力"做强一产、做优二产、做活三产"。尽管我国农业新产业、

新业态发展势头良好，但由于农业投资周期长、短期回报低、经营风险大，农业新产业、新业态的经营者往往面临产品标准化困境、经营低毛利迷局和产业缺配套难题，加之缺乏有力的政策支持，农业领域出现的新产业、新业态总体发展还不够快，有的只是点状存在，没有形成全面开花的态势，甚至还有一些只是停留在概念领域，没有市场可持续性，不具备复制推广的基础。

未来一段时期内，需要将农业领域新产业、新业态培育为强劲的新动能，形成支撑农业现代化的基础和条件。这就需要立足农业、放眼城乡，以新技术改造提升传统产业，促进农业产业前后延伸、相互渗透、城乡交融，深入实施创新驱动发展战略，进一步放宽新产业、新业态的市场准入条件，总结成熟经验并向全国推广。结合新产业"绿色""智能"等特点，推动新技术到新产业再到新动能的转化。

2.3.2 新产业助推农业农村新发展

在新产业方面，要处理好新产业与传统产业的关系，通过技术创新推动传统产业转型升级，推动新兴产业发展壮大，打牢"稳"的基础，拓展"进"的空间。

第一，改造提升传统农业产业。调优、调精农业产业结构，重塑传统产业新优势。特别是注重发挥龙头企业带动作用、技术创新核心作用和品牌建设提升作用。加快绿色生产标准体系建设，全面提高农产品质量，用质量优势对冲成本上升劣势，巩固我国农业发展的传统优势。例如，聚焦甘蔗种植、制糖、精深加工三个重点环节进行全面改革创新，逐步实现降成本、增效益，全面提升糖业可持续发展能力。

第二，培育发展农业新产业。要顺应产业变革的大趋势，切实抓住新技术革命带来的机遇，大力促进现代农业、现代服务业与智能制造、网络经济、节能环保、创意产业、大健康等战略性新兴产业融合。鼓励发展休闲农业和乡村旅游、民族风情旅游、传统手工艺、文化创意、养生养老、中央厨房、农村绿化美化、农村物业管理等事关民生的生活性服务。值得注意的是，新兴产业往往处于产业生命周期的萌芽期和成长期，要通过市场来选择"赢家"，对看不清楚的发展方向要善于包容，给予发展空间，使新兴产业蓬勃发展、展现活力。

第三，推动新兴产业集聚。以现代农业示范区、现代农业产业园、创业园、众创空间以及特色小镇、田园综合体为载体，开展精准引资、引智、引技，发挥区域经济、块状经济、产业集群的平台聚合效应，搭建产业融合平台和区域创新高地，逐步形成以龙头企业为核心、合作社为主力、农户家庭农场为前沿的一体化创新生态圈，实现创新链与产业链有效衔接、实体经济与互联网经济有机融合。

第四，促进农村一二三产业融合发展。大力发展农产品电子商务，推动生产经营在线化改造，推进分享经济、平台经济等新经济形态在农业领域推广应用。大力发展休闲农业，发挥农村田园风光、乡土文化、民俗风情方面的优势，活化农村资产资源价值。

第五，深入推进新农村建设。农村是承载繁衍农耕文明的综合载体，要以对历史负责的态度来建设和保护。要把社会主义新农村建设放到城乡一体化进程中统筹谋划，推进基本公共服务均等化和城乡资源均衡配置等工作，全面改善农村居民的生产生活条件，尽快补上农村基础设施的短板、农村公共服务的短板和农村人居环境的短板。引导社会资本与农村集体经济组织合作，以入股、租赁等形式使用农村集体建设用地开展创新创业。

2.3.3 新业态助推农业农村新发展

在新业态方面，要大力培育新业态经营者，推广定制化服务、远程运行监控以及精准供应管理等新方式，运用众创、众包、众扶、众筹等新模式，加速新业态爆品、爆款迭代，推动分享经济、平台经济等新经济形态在农业领域的广泛推广应用，拓展农业产业链、价值链新动能。

第一，打造终端型业态。以农产品的终端消费为出发点，逆向推动农业与其他产业的融合，围绕农产品构建从田间地头到餐桌、从初级农产品到终端消费者无缝对接的产业体系。

第二，打造体验型业态。促进农业与旅游、健康、养老等其他产业的深度融合，大力发展采摘农场、休闲农业等体验型农业新业态。

第三，打造循环型业态。以节能减排、保护生态、促进经济效益的多重效果为目标，构建"资源—产品—废弃物—再生资源"生物产业链。

第四，打造智慧型业态。将互联网、大数据、云计算等现代信息技术融入农业生产、加工和销售等各环节，实现农业的智慧化和产业化。

第五，打造服务型业态。以一二三产业融合为核心目标，通过发展农产品电商、农业信息服务、农资电商等服务型新业态，将农业的产前、产中和产后等环节有机结合。

2.4 不断增强新体制、新机制的推动力

深化农村改革、创新体制机制，既是培育农业农村经济发展新动能的重要内容，更是改造提升传统动能、保障新动能充分释放的根本举措。

2.4.1 激活要素、市场和主体

深化农村集体产权制度改革，建立现代农村产权制度，既是保障农民财产权利的实际需要，也是统筹城乡发展、实现资源要素自由流动、平等交换的客观要求。

一是合理确定集体经济组织成员的边界，把财产权利落实到每个成员、每个农户，赋予农民对集体资产股份占有、收益、有偿退出及抵押、担保、继承的权利。依法对农民土地承包经营权、宅基地使用权、农房财产权进行确权登记颁证。

二是逐步建立健全农村产权流转交易机制。扩大土地股份合作试点，对集体经营性用地和农村宅基地赋权还能，让沉睡的农村土地资产再现价值。在农村土地整治、农村环境整治及污水处理等项目中，探索运用PPP（政府和社会资本合作）模式，引导社会资金投入农村。

加快完善城乡统筹发展的体制框架，推动资源要素自由流动和平等交换。进一步消除城乡居民流动"藩篱"。逐步淡化城乡居民身份差异，加快建立全国统一、以身份证管理为主的一元户籍制度，畅通农民"进城"、市民"下乡"渠道，吸引更多企业家、科技人员、退休干部、留学归国人员到农村投资兴业。2011年，云南省开远市率先推进"一好两自由"户籍制度改革。"一好"即原城镇居民和农村居民享受的好政策及待遇一概不变，"两自由"即鼓励进城、入乡自由。截至2017年3月底，该市已有63 213名农民转为市民，同时有359名市民转为农民。进一步推动城乡公共服务均等化。继续重视和加强农村基础设施建设，改善农民生产生活条件，特别是教育和卫生条件，逐步缩小城乡生存环境差距。继续推动城乡社会保障制度对接和标准并轨，逐步提高农民最低生活保障、医疗保险、养老保险水平。进一步完善农业转移人口市民化配套政策。一是落实农业转移人口教育、就业、医疗、养老、住房保障等配套政策措施。二是进一步完善财政转移支付同农业转移人口市民化挂钩机制、奖励机制，积极探索政府、企业及个人共同参与的农业转移人口市民化成本分担机制，健全城市建设用地增加规模与农业转移人口市民化挂钩机制。

2.4.2 创新体制和机制

创新农业经营体制。一是坚持多元化发展，在坚持承包农户经营主体地位的基础上，充分发挥各类新型农业经营主体的作用，逐步形成家庭农场、农民合作社、涉农企业等多元经营主体格局。二是坚持合作化发展，形成以农户家庭经营为基础、合作与联合为纽带、社会化服务为支撑的立体式、复合型体系。三是落实"三权"分置办法，稳定承包权、放活经营权，支持发展土地流转、土地入股、土地托管以及农业社会化服务等多种形式的农业适度规模经营。

创新财政支农体制。一是实行"大专项＋任务清单"，归并整合涉农资金使用。二是采取以奖代补、担保贴息等办法，发挥财政资金的"撬动"和引领作用。三是围绕培育新动能设立专项资金，加大对农村新技术、新主体、新产业、新业态的支持力度。四是着力优化投入结构，创新使用方式，提升资金效能。五是完善农业补贴制度，把补贴重点放在主产区、规模经营、农民收入、绿色生产等方面。

创新农村金融体制。一是发展适合农村新产业、新业态需求的金融产品和服务。二是继续执行新增涉农贷款奖励补助政策。三是继续探索构建农村贷款抵押担保体系，拓宽农村有效抵押物范围，完善银行、担保、租赁、保险、信托等机构的合作机制，激励金融机构增加涉农信贷资金投放。四是积极发展农村小微金融机构，鼓励适宜地区发展农民信用合作，为农村市场主体提供多元化、多样性的融资方案。五是完善农业保险政策。具体可考虑三个方面：

第一，合理限定保费费率和农险公司利润空间。搞好农业风险区划，确定不同区域费率上限水平。继续提高粮食生产功能区主要农产品生产保险的保费补贴比例。鼓励农险公司采取费率优惠措施，比如费率打折或保费返还。在完善大灾风险分担机制的基础上，限定农险公司的利润上限。

第二，逐步建立受险损失第三方评估机制，保护投保农民合法权益。对受灾损失，现在是保险公司自我单方评估。考虑到公司盈利与理赔的反比关系，保险公司自我单方评估很难做到客观公正。可成立由政府方（政府部门）、受险方（农民）、保险方（公司）共同组成的受险损失评估小组。

第三，尽快建立财政农业保险专项资金池。将农险公司超出利润上限部分的利润全部纳入资金池，将农险公司缴纳的所得税全部或部分纳入资金池，用于农险保费补贴和弥补农险公司超赔亏损。

创新乡村治理机制。当前，我国农村经济社会结构正在发生剧烈变化、出现深刻转型。传统乡村治理组织构架和治理方式已难以适应新的形势，亟须尽快设计出一套与乡村经济社会结构演变趋势相适应的治理机制，推动乡村治理体系和治理能力现代化。

一是治理的组织体系上，应抓住党组织、村民自治组织和村民议事组织三个方面。村党组织重点是选好配强班子；村民委员会关键是真正体现自治组织的本质；村民议事组织主要是履行好自我组织、自我管理、自我服务、自我监

督的责任和义务。二是治理的内容上，应突出治安管理、人居环境整治、农民养老服务三个方面。三是治理的方式上，一要适当分散决策，逐步抛开过去的"统"字，不同的事让不同的群体来定；二要推行全民监督，决策不能几个人说了算，监督同样不能几个人说了算；三要逐步建立完善问责制度，大的决策失误，要有人负责。

解读

当前服务型农业新业态发展的阶段性特征 [1]

农业业态是指多元要素融合而成的不同农产品（服务）、农业经营方式和农业经营组织形式。由于农业资源要素的多元属性，近年来通过不同方式的资源融合，已催生出服务型、创新型、社会化和工厂化等多种农业新业态。在多种农业新业态中，以服务型农业新业态最为常见。

由于产业链的横向拓宽，产生了休闲农业、会展农业、创意农业、阳台农业等服务型农业新业态。

休闲农业整体进入成长期，市场竞争逐渐加剧，面临转型升级。目前，休闲农业在我国已呈全面发展态势，产品日渐丰富，规模不断扩大，利润加速增长。但市场远未饱和，未来发展空间仍然很大。

会展农业增速放缓，市场逐步趋向成熟，总体进入竞争整合阶段。从增长潜力看，今后发展更多的将是打造会展品牌，增强展会、节庆衍生产品开发以及探索市场化运作模式等。

创意农业处于萌芽期，目前多以创意元素的形式融入休闲旅游产品的开发之中，市场份额小。创意农业包括产品创意、服务创意、环境创意和活动创意等内容，目前主要以产品创意和活动创意为主。

---

[1] 陈慈，陈俊红，龚晶，等.当前农业新业态发展的阶段性特征[EB/OL].(2018-05-12)[2019-09-19].http://www.farmer.com.cn/xwpd/nbyl/yl/201805/t20180512_1376571.htm.

创意农业目前尚未具备较大规模的市场份额，由打造创意到形成产业，还有很长的路要走。

阳台农业开始走进城市，处于初期推广阶段。阳台农业实行栽培无土化、设备智能化、空间集约化，一些大城市发展较为迅速，部分地区的市场上已出现矮化的番茄、苹果、桃子以及盆栽青菜等，展示了都市型现代农业新形态，满足了市民对美好环境和休闲生活的需求，正逐渐成为市民的一种生活方式。阳台农业目前还处于初期推广阶段，要形成产业，需要解决阳台小气候制约以及适应性设备和技术的开发等关键问题。

拓展阅读

服务国家乡村振兴，推进农业农村产业兴旺

2018年6月9日，农民日报社和金恪集团共同在京举办了"2018中国乡村振兴·产业兴旺高峰会议"，会上国务院参事室特约研究员、中国农业经济学会会长尹成杰围绕产业兴旺提出如下几点认识[①]：

第一，产业兴旺是农业农村质量发展、转型升级的关键所在。我国农业产业薄弱，农村发展相对滞后，农业的质量效益比较低，所以我们在乡村振兴战略中要突出强调产业兴旺这个基础，只有抓住产业兴旺，才能解决提质增效、转型升级的问题。

第二，产业兴旺是满足日益增长的美好生活需要、解决发展不平衡不充分主要矛盾的基本前提。进入到新时代以后，社会的主要矛盾发生了根本性转变，这个矛盾的重点是城乡发展不平衡、农业农村发展不充分。只有抓住产业兴旺，才能从根本上推动新时代主要矛盾的解决。

第三，产业兴旺是全面建设小康社会任务实现的坚实支撑。到2020年，要完成精准扶贫脱贫的任务，全面实现小康社会的建设，就必须大力地推进产业兴旺。这样才能真正从农业的供给侧、结构和区域布局上，形成一个美丽富饶农村的坚实经济基础。

---

① 尹成杰.大力培育农村产业兴旺的新业态、新动能[EB/OL].(2018-06-09)[2019-09-19].
http://www.farmer.com.cn/wszb2018/xczx/jbyj/201806/t20180609_1383333.htm.

3 产业融合促创新
——一二三产业融合

3.1 什么是一二三产业融合？

3.1.1 一二三产业融合的理论界定

产业经济学认为，产业融合是技术进步和制度创新的结果，集中体现为产业形态、商业模式、产品特征的变化。农村一二三产业的融合也符合这一发展规律。从国际经验看，发达国家在农业发展过程中，根据工业化、城镇化发展要求，提出了农业经营一体化、"六次产业化"等概念，推动农业从注重单一的农业生产，向生产、加工、销售、服务等全产业链条不断延伸，不断提高三次产业的融合度。从国内实践看，农村一二三产业融合的雏形就是农业产业化。

我国自20世纪80年代初提出发展产业化经营以来，农业产业链条不断延伸，该理念对促进农民增收发挥了重要作用。90年代开始提出发展休闲农业，进入21世纪后又对农业的发展提出了新的要求，将农业加工和流通环节有机整合，延长农业产业链、价值链已然成为我国农业发展的新课题。

可以说，当前我国农村一二三产业融合互动已经初现端倪，呈现出生产互补互促、基础设施完善配套、市场互联互通、要素节约集约、技术贯穿渗透、体制协同创新、农民真正受益等显著特征。新形势下，加快推动农村一二三产业融合发展，是促进农业转型升级、农民就业增收、农村美丽繁荣的重要途径，必须主动作为、顺势而为。

3.1.2 一二三产业融合的国际经验借鉴——以日本"六次产业"发展为例

为了转变农业发展的固有模式，日本积极探索第一、第二和第三产业的融合。1996年，今村奈良臣提出了"六次产业"的概念。今村奈良臣教授认为，以往农业将更多的精力投入到农产品生产环节，而在农产品价值增值的过程中投入有限，进而导致二三产业创造的价值大量流失，农业以外的部门分得了本该属于农业的大部分利润。如何将农产品生产的附加值尽可能多地留给农村、农业和农民，这正是"六次产业"要解决的根本问题。根据这一根本目的，可将"六次产业"的基本涵义界定为：通过第一、第二、第三产业的相互延伸与融合，整合农业生产的加工、销售、服务等环节，进而形成完整的农业产业链条，让农民分享更多的利润，促进农业的多样化发展。由于将第一、第二和第三产业数字相加（1+2+3）或相乘（1×2×3）正好都等于6，才有了"六次产业"这一新名词（图3-1）。

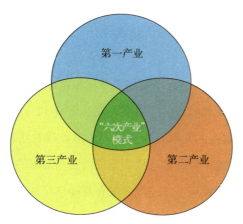

图3-1 "六次产业"模式示意

日本政府通过提供税收、贷款等优惠政策，把来自第二、第三产业的工商企业引入农村，共同开发日本的农林渔业，增强农业发展的活力。在日本农业与工商企业的合作过程中，日本的食品加工业得到迅速的发展，目前日本的食品加工业已经成为仅次于运输机械和电器机械的第三大产业，其中的大米深加工处于世界领先水平。

在促进农工商业合作过程中，日本政府为了防止工商企业与农民争利，制定了多种措施来保障日本农民的利益。如通过土地规划来确保工商企业不能更改土地使用性质。再如，日本的农户与工商企业的合作过程中，双方在农产品生产和商品化之前签订协议，农户估算生产量并提出生产计划，而工商企业则需要提前制订商品销售计划、预估加工数量、预计价格，双方通过谈判、协商力争达成双赢合作，减轻合作双方尤其是农户的不安感。双方在合理利润分配的前提下进行合作，一旦农户认为利益分配不公，由农协介入，最终可以终止与相关工商企业的合作。而日本相关的法律法规及制度，凡是涉及农户与工商企业之间的利益分配，均向农户倾斜，确保农户的利益。

3.2 一二三产业融合与乡村振兴战略

3.2.1 我国农村一二三产业融合发展所处的阶段

新形势下，加快推动农村一二三产业融合发展、带动农户就业增收，不仅是促进农业转型升级的重要方式，还是乡村振兴的重要途径。

从发展环境看，我国农业发展正处于新常态，而促进农村一二三产业融合正是激发农业农村发展新动能的重要路径之一。一方面，当前，我国主要农产品价格优势不明显，又面临补贴"天花板"、成本"地板"挤压，提高农产品竞争力面临极大挑战，亟须通过产业融合注入新的发展动力，进一步提高竞争力。另一方面，随着经济发展进入新常态，工业化对农业现代化的促进作用、城镇化对新农村建设的带动作用将有所减弱，农产品消费增幅、农民收入增幅都可能趋缓。据统计，2017年上半年全国农民工总量和工资增幅分别下降1个和2.8个百分点，出现了"双下降"。需要通过推进产业融合挖掘农业创新潜力、激发农村创造活力、调动农民创业热情。

从产业发展本身看，我国农村一二三产业融合仍处于初级阶段。主要表现为：农业产业链条短，附加值不高，融合层次浅；新型农业经营主体发育迟缓，参与产业融合的主观能动性不强；利益联结不紧密，农民没能获得产业融合的增值收益；先进技术要素无法实现充分扩散渗透，基础设施建设滞后，涉农公共服务供给不足，一二三产业互联互通水平不高。这些问题都长期制约和困扰产业融合发展，亟须加快推动解决。

从发展机遇看，农村一二三产业融合、互动迎来难得的历史机遇，到了加快发展的关键时期。经济新常态倒逼农业发展方式加快转变，农村一二三产业融合发展的外部动力得到显著增强。"四大板块"和"三个支撑带"等国家区域发展战略的实施，将更加有利于发挥区域比较优势，促进区域间产业融合。农业发展形势持续保持高增长态势，为农村一二三产业融合发展创造了良好的物质基础。以信息技术为代表的现代科技运用取得突破性进展，为农业一二三产业融合插上了科技的翅膀。城乡居民消费需求加速升级，为农村一二三产业融合提供了良好发展的内生动力。

综合来看，推进一二三产业融合发展是新形势下提高我国农业竞争力、促进农民增收的重要途径，必须将其摆在更加突出的位置，抓住难得的战略机遇，积极应对挑战，加快推进农村一二三产业融合发展。

3.2.2 乡村振兴战略中的一二三产业融合发展

推动农村一二三产业融合发展，既要立足当前，又要着眼长远；既要系统设计、全面推进，又要创新方式、明确重点。

　　加快培育多种形式的适度规模经营主体，推动主体融合。不论是哪一种层次的融合，都需要依托生产经营主体来实现。新常态下，提升融合层次，优化融合效果，重点在于如何因地制宜，充分发挥新型农业经营主体的辐射带动作用，促进农村的一二三产业融合。在新型农业经营主体的土地规模方面，可通过转包、转让、出租、互换等方式引导农户适度流转承包地，通过联合与合作方式发展规模种养业、农产品加工业和农村服务业，让农民参与分享更多的产业链增值收益。在发展规模经营主体的服务上，可通过订单式、托管式等多种灵活的服务方式，在产前、产中和产后等环节为农户提供多种灵活的服务，引导农户从事加工物流和农产品市场营销等价值增值的生产工作，进而实现以服务促融合，以融合扩规模，以规模提收入。

　　促进产业集群集聚发展，推动功能融合。优化农业产业布局，加快农业现代化建设的进程，需遵守"互补互促、提质增效"的基本原则。在大宗农产品的主产区，可依托区位的资源优势，引导农产品加工业的梯度转移，发挥农产品加工业的比较优势，提高农产品加工转化能力和农产品精加工的水平。在城郊等生态环境较好的地区，可通过开展休闲农业的方式推动农业与旅游产业、文化产业的交叉融合，实现农产品加工、销售、观光休闲的一体化发展。在污染较为严重的种养密集区域，聚焦畜禽粪便、病死动物、农作物秸秆等农牧业副产物，大力发展高产高效生态循环农业，推动就地消纳或综合利用，实现"变废为宝""变害为利"。在特色优势农产品区域和"老少边穷"地区，引导"互联网＋"等信息技术向农业产业渗透，发展电子

荷塘养小龙虾

商务、智慧农业、健康农业和中央厨房等新业态，模糊产业边界，缩短供求距离，拓展农业多种功能。

稻田养鸭

激发农村发展内生活力，推动要素融合。推动一二三产业融合发展，关键是要在更大范围、更广领域实现土地、资金、人才等要素的合理配置和优化使用。要放活土地要素，深入推进农村承包地确权登记颁证试点，推进农村集体产权制度的深度改革，尽快建立具有实际作用的农村集体产权流转服务平台，为一二三产业融合提供基础资源。激发农村人才要素活力，加大农民培育力度，为农民量身打造一套培训制度，鼓励农民工和高等院校毕业生返乡创业，为一二三产业融合提供动力主体。激发资金要素活力，加快建立健全覆盖全面的农村信贷担保体系的进程，推广产业链金融模式，为一二三产业融合提供多层次、多元化金融服务。

提升产业链整体效益，推动农业价值与其他产业价值的融合。农村一二三产业融合发展的关键在于利益分配机制，只有建立起公平合理的收益分配机制，才能充分调动农户参与农村一二三产业融合的主观能动性。稳定的购销关系是实现农业产业链增值的基础，因此要强化农业企业的社会责任，通过订单农业的方式提高农户的契约意识，让各产业融合主体明确各自的权利和义务。探索农业合作组织的股权激励机制，鼓励发展股份合作，积极推广农业众筹等新型利益联结模式，促进分散生产要素有机结合。建立健全利益补偿机制，明确劳动、土地等要素参与利润分配比例的下限，让农户更多地分享加工、销售环节的增值收益。

合理布局区域农业生产力，推动区域融合。加快构建与资源环境承载力相匹配的区域产业格局，是推进一二三产业融合发展的基础支撑。要推动粮食主产区与主销区的一二三产业融合，通过市场化的手段建立粮食主销区尤其是发达地区对粮食主产区的补偿制度，引导主销区的加工流通主体参与主产区粮食生产基地、鲜活农产品生产基地、农产品初加工基地等建设，完善农产品仓储物流体系、冷链运销体系等，建立稳固的农产品产销协作机制。促进农区与牧区一二三产业融合发展，积极推进饲料用粮生产，根据资源承载力和农业废弃物消纳半径，扶持饲料加工业、生态畜牧业发展。充分挖掘草原对农牧业发展的价值，大力发展粮草兼顾、农牧结合、循环发展的新型种养业。

3.3　我国农村一二三产业融合的理念创新与典型实践

3.3.1　以理念创新推进多层次的产业融合

以往在推进农村一二三产业融合的过程中，在农产品加工业方面聚集了大量的生产要素，始终把产业化水平放在第一位。然而，随着发展环境的改变，不能再用老眼光、老思维推进这项工作，必须创新工作理念。当前，要树立五个新理念：一是树立新导向。就是以市场需求为导向，满足人民群众消费结构升级的要求，提供营养健康、绿色环保的产品，达到提升产业效益的目的。二是引入新业态。积极将新科技、新人才、新商业模式引入农业，利用现代生产要素对农业生产经营方式进行改造，特别是要借助"互联网＋"的东风，大力发展农业电子商务，提升一二三产业融合的层次和水平。三是打造新链条。在稳定发展农业生产的前提下，把生产链条向加工、流通、农村生物质能源综合利用、农业服务业等各领域、各环节延伸。四是拓展新功能。推进一二三产业融合要从农业农村经济发展的全局着手，不仅要发挥农业的生产功能，还要全面发挥农业在自然灾害防治、污染物消纳、休闲观光、农耕文化传承、生态环境保护等多方面的功能。五是构建新机制。就是要构建农民利益联结机制，通过股份合作等形式，使一二三产业融合不仅让农村少数能人受益，更能惠及广大农民群体，带动农民增收致富。

遵循新理念，顺应新形势，当前和今后一个时期，可以从大、中、小三个层次推动农村一二三产业融合。

第一个层次是小融合。所谓小融合，就是农业生产经营主体间的横向联合协作，即通过培育不同经营主体，实现分工分业，互补互促。第二个层次是中融合。所谓中融合，就是农业产业链条的纵向延展拉伸，即通过延伸产业链、打造供应链、形成全产业链，打造农业产业化经营的"升级版"。第三个层次是大融合。所谓大融合，就是实现人才、资金、技术等多种要素在农村一二三产业之间的融合互动，这种融合不但涉及不同农业产业间的融合互动，也涉及不同经营主体间的协调互动。

3.3.2 休闲农业和乡村旅游

休闲农业充分利用了农业资源的旅游观光价值，其将农业生产、农事活动和旅游休闲融为一体，为游客提供具有农村特色的吃、住、行、购、娱等多方面的产品和服务。休闲农业不仅包括农村观光旅游，与其相关的旅游经营及旅游服务等内容都属于休闲农业的范畴。

休闲农业的兴起使人们更多地审视现代社会中农业的地位和功能：农业不仅有农业生产这一属性，还具有文化、文明等综合性功能。休闲农业较好地体现了农业的生产方式和农业文明，它既可以在形式上将农业与观光旅游、生态体验有机整合，又可以在对象上将自然和社会、人文等无形资源融为一体。农业的多功能性，正是在追求利于自身发展的过程中得以逐步体现。

传统意义上，农业被定义为通过栽培植物和饲养动物来为社会提供物质生产资料的基础部门。休闲农业的兴起，开始让人们意识到农业不仅具有生产属性，还具有传承农耕文化和人类文明、提供宜居环境等复合属性。由于休闲农业是旅游业和

乡村田园综合体

传统农业交叉融合形成的产物，所以从农产品开发和农业产业资源利用的角度看，休闲农业仍属于第一产业；但从经营内容市场定位和消费特点上来看，休闲农业则隶属于第三产业的旅游业；而从农产品衍生价值的角度看，休闲农业还兼具特色农产品深加工等第二产业的功能。

无论是传统农业向现代农业转变，还是全面建设小康社会，都离不开农业产业结构的优化和升级。休闲农业能够通过重新分配农业生产中各组成部分的比例，完成从单一种植业的简单再生产向大农业（包括农、林、牧、渔以及服务业）的过渡，进而形成更细致的多元化产业结构体系，实现产业结构合理化、生态循环平衡化以及经济效益最大化。

休闲农业是通过产业间的渗透和交叉融合催生出的新型产业形态，它不仅改变了农业产业结构单一和效率低下的既有状况，还促进了农业产业内部的结构升级与迭代。可以说休闲农业是我国农业在产业融合模式下新的经济增长点。从价值链创新的角度来看，休闲农业将传统农业生产经营过程中的价值链进行了重新定位和整合，它充分挖掘了农业自然资源、生态资源和人文资源；从产业融合的角度来看，休闲农业涵盖了一二三产业经营的大部分内容，无论是农产品的种植、旅游休闲项目的规划开发，还是旅游营销、服务，都在休闲农业的经营范围之内。从为消费者提供特色的农产品，到为消费者提供专属的

旅行服务、旅馆住宿、定制菜谱，无一不体现着休闲农业高度的产业交叉融合属性。

休闲农业在不断扩展农业功能和提高农业综合效益的基础上，使农业产业结构从适应维持温饱的消费需求向适应小康型的消费需求转化，是以市场为导向调整产业结构，提高土地产出率、资源综合利用率的现代农业形态（图3-2）。

图3-2　2016年休闲农业"蛋糕"

休闲农业的5种典型发展模式

1. 田园农业游

以大田农业为重点，开发欣赏田园风光、观看农业生产活动、品尝和购置绿色食品、学习农业技术知识等旅游活动，以达到了解和体验农业的目的。如上海孙桥现代农业观光园、北京顺义"三高"农业观光园。

葡萄酒产业园

2. 园林观光游

以果林和园林为重点，开发采摘、观景、赏花、踏青、购置果品等一系列旅游活动，让游客观看绿色景观，亲近美好自然。如四川泸州张坝桂圆林。

3. 农业科技游

以现代农业科技园区为重点，开发观看园区高新农业技术和品种、温室大棚内设施农业和生态农业等活动，使游客增长现代农业知识。如北京小汤山现代农业科技园。

智慧农业

4. 务农体验游

通过参加农业生产活动，与农民同吃、同住、同劳动，让游客接触实际的农业生产、农耕文化和特殊的乡土气息。如广东高要广新农业生态园。

5. 农耕文化游

利用农耕技艺、农耕用具、农耕节气、农产品加工活动等，开展农业文化旅游。如新疆吐鲁番坎儿井民俗园。

案例

一二三产业融合的典型代表

山西榆次怀仁醋业联合社，通过组建生产、加工、销售等合作社，初步形成了生产合作社负责种植、加工合作社负责技术和加工服务、销售合作社负责对外销售的格局，缓解了单个合作社产业链条短、开拓市场能力差等问题，提高了农业整体经营效益。

福建省安溪县以茶产业为依托，通过培育合作社等新型农业经营主体，积极发展茶叶生产。同时，积极延伸产业链条，通过打造茶叶加工龙头企业、培育茶叶公共品牌等，使茶叶走上产业化、品牌化道路；并积极发展茶文化，打造了茶博园、茶叶节等文化品牌，显著提升了产业发展效益。

　　四川省蒲江县坚持"生态立县、绿色发展"理念，深入实施"打造与国际接轨的有机农业基地、生态工业基地、健康休闲基地和宜居、宜游、宜业生态新城"的"三基地一新城"发展战略，坚持优质茶叶、柑橘、猕猴桃"三业并举"，着力品种、品质、品牌"三品"提升，实施农业、工业、旅游业"三产联动"和产业新村"融合发展"，形成了三大农产品加工基地和"一带三片区"休闲农业布局，走出了一条具有蒲江特色的现代农业转型升级之路。2014年全县农民人均纯收入12 839元，城乡居民收入比为1.8∶1。

4 "互联网＋" 拥未来
——互联网＋农业农村现代化

4.1 互联网与农业的跨界融合

4.1.1 农产品电商的发展现状

随着信息技术和智能手机的普及，互联网经济在技术、业态、应用以及跨界融合等方面取得了积极进展。农产品电商适应城镇化的发展趋势和消费升级的现实需求，也在一定程度上改变着城镇居民的农产品购买方式和消费模式，为农业供应链转型和价值链提升注入了新的动能，正在逐步成为农民收入新的增长点。

2016年，全国农产品电商成交额达到2 200亿元，其中农产品网络零售额占比约为72%。如果以2016年农业产值11.21万亿元做一粗略估计，农产品电商成交额已经占到农业产值的大约2%。根据全国农村固定观察点调查体系2017年对20 007个农户的调查，农民户均出售农产品收入约15 683.50元，其中，从互联网电商销售渠道获得的收入约为312.66元，占比也约为2%。虽然看起来电商所占的比例不高，但其增长速度很快。在2012年之前，农产品电商还只是个别企业的营销尝试，而在2013—2016年间，农产品电商交易额年均增长率则达到63.9%（图4-1），高出同期全国全品类电商交易额年均增长速度30个百分点。农业部预计，2020年农产品电子商务交易额将达到8 000亿元，2016—2020年年均增速将保持在40%左右①。目前，农产品电子商务已经在部分农村地区解决农产品"销售难"中发挥了重要作用，成为了农民工等主体返乡创业就业的热点，表现出了带动农民收入增长的潜力。

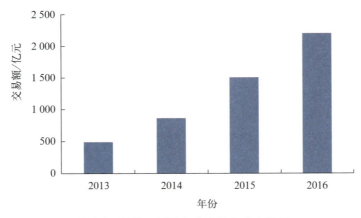

图4-1　2013—2016年农产品电商交易额

数据来源：2013—2015年数据来自农业部估测，2016年数据来自商务部年终盘点。

与农产品电商相关的话题，不仅得到了学术界的广泛关注，还引发了社会资本的投资热潮。当前，中国专业农产品电商数量已经接近4 000家，据估计，开展在线经营农产品业务的企业和商户达到100万家。阿里巴巴、京东等大型互联网企业多年"跑马圈地"，已经成为国际化的农产品综合电商平台；"中粮我买网""沱沱工社""本来生活"等垂直型电商的经营水平也在不断提高，核心竞争力与日俱增；"一亩田""美菜"等B2B（企业对企业）电商平台经历市场洗礼，优势也日益明显；"每日优鲜""爱鲜蜂""春播科技"等农产品电商新锐也在深耕细分领域，逐步在市场中占得一席之地；数量众多的小型电商、社群电商、微店等也纷纷瞄准目标客户，分得了农产品电商市场红利的"蛋

---

① 《农业部关于印发〈全国农产品加工业与农村一二三产业融合发展规划（2016—2020年）〉》（农加发〔2016〕5号），2016年11月17日。

糕"。实践表明，各类电商企业投入"真金白银"，改造了城乡农产品供应链，在提升农业价值链、促进部分地区农民增收脱贫等方面起到了一定的积极作用。

在"互联网+"成为国家行动的背景下①，政府决策部门也正在积极探索顶层设计和分层对接，努力促进农产品电商健康发展。党中央、国务院出台了一系列支持农产品电商发展的优惠政策。自2010年起，中央1号文件也纳入了支持农产品电商发展的内容。2014年，财政部、商务部、国务院扶贫办等部门实施了电子商务进农村综合示范工作，重点内容之一就是支持农产品电商发展，至2017年该政策已经累计支持了756个县开展示范。此外，农业农村部在7个省份开展了农业电子商务试点，中华供销总社也开展了电子商务示范县创建活动。

4.1.2 传统农业迫切需要互联网的改造

大量分散的小规模农户仍然是"养活中国"的主要力量。当前，中国农业经营体系的运行，以"小而全""小而散"的农户家庭经营为主体。小规模农户家庭经营主要局限于农产品生产环节，农户间具有较强的同质性，缺乏组织分工协作，导致整个农业经营体系"重生产、轻服务"倾向明显，产前、产中、产后环节割裂比较严重。随着农村劳动力转移和人口变迁、土地流转市场较快发展，劳动力、土地等过去内部化在小农户经营当中的隐性成本显性化，导致农业生产成本高企，农业经营效益较为低下，社会资本投资回报率低。而且，小农户常常缺乏可持续发展理念和社会责任意识，一定程度上加剧了农业面源污染，也难以保障农产品质量安全。更为重要的是，小农户处于农业产业链利益分配的边缘，在农产品市场竞争和价格决定中日益陷入"被动接受"的地位，难以分享到农业现代化的成果，农民从农业中增收困难越来越大。

---

① 《国务院关于积极推进"互联网+"行动的指导意见》（国发〔2015〕40号），2015年7月1日。

农产品电商能够简化农产品供应链条，降低流通费用，用较低的成本提供质量安全可追溯信息，保障人民群众"舌尖上的安全"，高效地传播农产品中隐含的"故事"，提升农产品销售价值，还能够畅通农业的市场信息渠道，促进农业"产、供、销"体系紧密结合，提高农业的生产效率、品质和效益。近年来，互联网在整合、改造和提升部分农产品的产业链方面，已经显示出巨大的优势。2016年，我国经济作物的网络零售额高达1 288.8亿元，其中，水果、养生草药、茶饮的网络零售额分别为341.9亿元、308.1亿元和277.3亿元。全国性的农产品电商平台在地方特色农产品产销对接方面发挥了重要作用。以淘宝天猫平台为例，2017年上半年全国省（自治区、直辖市）、地级市、县（区、市）特产馆的数量达到360个，在淘宝网正常经营的注册地为乡镇和行政村的网店超过160万家，其中经营农产品的网店已经达到40万家左右。

4.1.3 互联网与传统农业跨界融合的现实困境

虽然"互联网＋农业"的发展势头良好，而且在带动农户增收、缓解农产品销售难题等方面取得了一定成效，但我国农民及农民合作组织应用电商的能力还十分有限。

根据2017年全国农村固定观察点调查体系对360个县1 712个新型农业经营主体的调查，专业合作社、龙头企业等新型农业经营主体的农产品电商行为对其年均净收入、年均利润的影响并未如预期那样明显，只有家庭农场的农产品电商收入较高。另外，根据2016年12月全国农村固定观察点调查体系对全国9 554户农户的调查，有较强意愿（"很强烈"或"比较强烈"）参与电子商务的农户有效占比仅为8.2%，不想（"不太想"或"完全不想"）参与电子商务的农户有效占比高达77.4%。实际上，我国农村居民受教育程度普遍偏低，农村地区网络应用软件和硬件平台的条件较差。2017年上半年，我国农村网民规模为2.01亿，仅为城镇网民规模的36.5%，农村互联网普及率上升至34.0%，但低于城镇35.4个百分点。城镇居民与农村居民在智能手机的使用用途上存在较大差异，城镇居民通过智能手机进行网购、订外卖、出行、理财、在线教育已成为常态，然而农村居民对智能手机的使用仍停留在微信社交、影音娱乐等方面。绝大多数农民及农民合作组织带头人尚未意识到、未体验到利用互联网在获取市场信息、发展订单农业、降低生产成本、促进产品销售、增加收入等方面的巨大作用，互联网使用需求意识还不强，相关能力和技能还很低。一些农民甚至还不熟悉网络，还没有掌握互联网时代的一些基本应用技能。

根据全国农村固定观察点调查体系对287个村的调查，94.4%的村庄实现了互联网的连接，94.8%的村庄实现了手机移动（联通、电信）3G/4G全覆盖，50.9%的村庄的村委会能够免费提供互联网查询信息服务。然而，只有24.0%和12.2%的村庄有农户或农民专业合作社通过互联网、委托经纪人销售农产品。互联网在农村尚未从娱乐媒介转变为能够提供多元服务的应用平台，农村的互联网需要实现由"普及率提升"向"综合使用水平提高"的转变。在对农户增收带动方面，农产品同质化程度高，农村电商本身竞争力不强，带动农民增收的能力就无从谈起；电商流通产品标准化水平不高、食品安全保障水平低，某些局部的、个别的食品安全问题可能会通过互联网的信息传播而指数级地放大，甚至导致一个地区、一个品种的农产品失去消费者信任；农民对互联网营销了解少，农村本土电商人才匮乏，农民在电商利益分配中处于弱势地位；农村信用体系建设基本上是从零开始，农民的契约意识总体不强，经济法律意识较为淡薄，"电商＋农户"模式也普遍遭遇了订单农业模式曾经面临过的高违约率陷阱。

4.2 "大物移云"的未来

李克强总理在2015年十二届全国人大三次会议的政府工作报告中首次明确提出，新兴产业和新兴业态是未来竞争的高地，要制定"互联网＋"行动计划，推动大数据、物联网、移动互联网、"云计算"等与现代制造业结合，促进电子商务、工业互联网和互联网金融的健康发展，引导互联网企业拓展国际市场。而在众多的"互联网+"产业行动中，"互联网+农业"无疑与人们日常生活最为密切相关，它意味着将先进的互联网技术应用到传统的农业生产中，逐步建立起新的农业经营模式和流通模式，努力打造绿色农业和智能化农业，实现传统产业向高科技智能化的生产力变革。"互联网+农业"不仅是我国发展农业现代化的必经之路，更是我国乡村振兴的最直接体现，"互联网+农业"有助于打开我国农业生产的新局面。

未来已来，只是尚未流行。毫无疑问，"大物移云"已经悄然走向农业，并将逐渐改造农业。

4.2.1 大数据

大数据（big data），是大规模的数据集合，具有数量巨大、类型多样、收集处理及时、数据来源可靠性低等特点。大数据无法在一定时间范围内用常规软件工具进行捕捉、管理和处理，需要新处理模式才能具备更强的决策力、洞察发现力和流程优化能力来适应高增长率、海量和多样化的信息。

随着我国信息化产业的不断发展，大数据在涉农领域的应用也越来越广泛。在2015年8月国务院印发的《关于促进大数据发展行动纲要》中，政府将大数据发展列入国家的顶层设计，农、林、牧、渔等传统行业与大数据等新型信息技术的融合已经成为未来发展的必然趋势。

大数据在涉农领域的应用国外早有先例，澳大利亚通过大数据技术对与农业生产相关的数据指标进行合理分析，使作物种植、农业能源的使用更加合理化、科学化，大幅降低了农业生产的成本，提高了农业生产效率。美国农业政策的制定也充分利用了大数据技术。美国农业政策的制定者们在制定农业政策之前，通过对农业数据的采集、分析、模拟得出最具效率的农业保护政策。精准农业是大数据在涉农领域应用的集中体现，数据分析师们采集了大规模的农业气象数据，以此为基础对气候、土壤墒情、作物成熟度等进行集成分析，最后制定出最适合当前情况的农业生产策略。大数据的应用有助于减轻农户的生产压力，提高传统农业的生产效率。

大数据丰富庞大的数据基础和科学的数值分析，将会给我国186万个乡村的8亿农民带来极大的收益。农业大数据未来的发展方向将更具指向性，农民在"田间地头"就能接收到各种农业生产的动态信息。相信在不久的将来，农民通过农业移动智能大数据系统就能得知与农作物生长情况相关的一切数据，大数据系统对这些农业生产数据进行分析并将分析结果上传到农业大数据平台，进而实现农业生产的精准指导。

4.2.2 物联网

1999年，美国麻省理工学院教授首次提出了"物联网"这一概念，但一直以来，社会各界尚未对物联网做出一个公认的标准定义。目前对物联网较为普遍的认识是其是通过射频技术、红外线感应器、全球定位系统、激光扫描器等信息传感设备，按约定的协议，把任何物品与互联网相连接，进行信息交换和通信，以实现智能化识别、定位、跟踪、监控和管理的一种网络。

农业物联网与传统意义上的物联网在射频技术上略有不同。农业物联网基于RFID（射频识别）系统、中间件Savant系统和互联网系统，实现对农产品生产、物流等环节的全程跟踪，农产品的仓储、物流运输设施上都装有RFID阅读器，整个农产品生产过程可以实现自动化和信息化的监督管理。农业物联网体系的构建，不仅有利于涉农企业对农产品流通环节的宏观管理和微观操作，还可以为企业未来发展战略的制定提供充足可靠的数据支撑。

物联网技术是现代农业信息化应用的重要一步，可以将"物物联动"变为现实。在传统农业向现代化农业转变的过程中，引入并合理应用物联网技术，对优化集约型农业生产经营方式、提高农作物病虫害防控能力、确保农产品质量安全等均具有重要意义。我国农业生产方式正处在转型的节点时期，农业物联网技术的应用也迎来了发展的黄金机遇。根据我国农业物联网的实际发展情况，可大体将我国农业物联网未来可能应用的领域划分为以下三个方面：

4.2.2.1 智慧农业　　农业生产的产前、产中和产后等环节都可以通过农业物联网技术实现农业生产运作的信息化和精细化。在产前环节，农业物联网技术可以实时监测和评估农用物资、土壤、气候、水利等农业生产的关键指标，进而为农业资源的有效利用提供可靠的数据信息；在产中环节，农业物联网可以实现农艺措施的精细化调控，通过对农业生产过程投入品使用率和环境的检测，为现代农业综合智能管理提供科学的决策依据；在产后环节，为使消费者对农产品的生产加工过程有一个更清晰的了解，可通过农业物联网技术将农产品的生产过程和消费过程有机结合起来，有效缓解农产品生产标准化困难、品质不易评估、质量安全监管难度大等一系列问题，进而促进农产品电商的深入发展。

4.2.2.2 物流管理　　流通环节是我国农产品损耗最为严重的一个过程，每年在流通环节损耗的果蔬价值就超过1 000亿元。蔬菜水果、肉类、水产品在流通环节均有不同程度的腐损，腐损率分别为25%、12%、15%。将物联网技术运用到物流运输和仓储管理中，可充分保证农产品的质量安全。

物联网技术在农产品冷链物流中的应用最为广泛。在运输过程中，每辆农产品运输车都会安装上无线通信设置、GPS（全球定位系统）装置、RFID读写器、温度传感器等专业设备，所有纳入物联网供应链的农产品和运输车辆都会贴上电子识别标签，相关信息会完全纳入农产品供应链的信息管理系统。运输车辆上的RFID读写器以及GPS装置，有助于实现农产品运输的可视化管理，使农产品供需双方及时了解农产品的运输动态。

在仓储过程中，物联网技术也可以得到相关应用。通过不断采集农产品的出入库信息、温度湿度信息，实时监控农产品的盘点和补货活动，实现对农产品仓储环节的安全管理。

4.2.2.3 农业生态环境管理   农业生产非常依赖草原、水域等生态系统的调节、保护和支持。农业生态系统与自然生态系统相比，前者的结构较为单一，自我调节能力有限，受农业自然灾害、病虫害等自然环境变化的影响较大。因此，在农业生态环境管理中应用农业物联网技术有助于改善农业生态环境。农业物联网技术可以通过大量的集成传感器、遥感设备、视频设备采集农业生态环境相关的信息，并以此为基础构建农业生态环境信息化管理系统，改善目前农业生产所处的生态环境。

4.2.3 移动互联网

移动互联网（mobile internet）是互联网技术和移动通信技术的结合体。随着移动互联网技术的迅速发展，我国农业信息现代化也迎来了前所未有的发展机遇。由于农村人均消费能力相对较低，电脑以及互联网在农村的覆盖率仍处于相对较低水平，在这种情况下，以手机为终端的上网方式变成了农村人群的首选。进入移动互联网时代后，上网使用的移动数据流量持续激增。"人民网"研究院2017年发布的《中国农村移动互联网蓝皮书》认为，农村移动互联网的发展时间虽然很短，但移动互联网在农村的渗透率却很高，农民生活的方方面面都可以看到移动互联网的身影。

现阶段，我国农村移动互联网的发展趋势有以下几点：

第一，移动互联网可以推进农业现代化深入发展。在传统的农业生产中，农户的专业分工意识薄弱，经营规模较小，农业生产力难以提高，农业现代化进程相对薄弱。随着信息技术的不断发展，互联网在涉农领域的应用也越来越广泛，通过互联网能够有效促进农业专业化的分工，提升农业经营过程中的运转效率，优化农业资源的配置，缓解农业现代化进程中的发展困境，进而推动农业整体的协调发展。此外，互联网可以促进农业的创新发展，实现农业在各个领域的渗透融合。例如，农业与旅游业联合形成的休闲农业，可以通过互联网实现新的营销模式，精准筛选消费群体，抢占市场有利资源，实现赢利。

第二，移动互联网可以为涉农领域的"大众创业、万众创新"提供良好的实践平台。一方面，移动互联网可以有机整合云计算、大数据、物联网的技术优势，改造传统农业的生产经营方式，大幅提升农业的生产效率，加速推进智能化农业的建设进程。另一方面，基于移动互联网建立起来的信息生态系统，可以增强农业生产经营主体、农业科技人员、市场推广人员的协同度，为农民增收、农业农村发展提供一个新的契机。此外，在食品安全的监管方面，移动互联网技术可以实现食品安全生产的可视化管控，从根源上有效控制食品质量安全。

第三，移动互联网会促进涉农企业的转型升级。移动互联网技术可以有效解决涉农企业成本高、能耗多、信息不对称等问题。首先，以移动互联网技术为基础建立的农产品物流配送系统，可以实现仓储、运输、实时交易的系统化运营，通过网络数据将远程交易变为现实。其次，大宗交易的移动互联网平台会促进新型涉农企业的诞生。农业生产可以借助移动互联网技术实现精细化，改变农产品的市场消费结构，加速涉农企业转型，降低经营成本，提升涉农企业的市场竞争力。最后，移动互联网的社群效应，可以为涉农企业打造专属的IP（知识产权）符号，比如"三只松鼠""褚橙"等，树立企业的品牌形象，加强消费者与企业之间的联系。

第四，移动互联网会转变农村社会的生产、生活方式。从生产方面来看，移动互联网能将土地、劳动力、资本等各项生产要素进行合理配比，优化资源配置效率，提高农业生产率；从生活方面来看，移动互联网能够为农民的日常生活提供更多的便利，通过多层次的教育培训、知识引导，可以为农民营造出更多的就业机会，给农民带来真正的实惠，切实提高农民的收入，促进农村经济的发展；从知识方面来看，移动互联网能够创建新型的网络教学环境，打造农民培训教育体系，培养有文化、懂技术、会经营的专业化农民，为我国农业现代化建设提供人才支撑。

4.2.4　云计算

云计算（cloud computing）是通过互联网提供动态、易扩展的虚拟化数据资源，实现互联网相关服务的增加、交付和使用的信息模式。社会各界对云计算的定义还没有形成共识，现阶段广为接受的是美国国家标准与技术研究院（NIST）关于云计算的定义。NIST认为，云计算是一种按使用量付费的模式，只需提供可用的、便捷的、按需的网络访问便可进入计算资源共享池。投入很少的管理工作便能够实现对网络、服务器、存储、App（应用程序）等资源的快速利用。

云计算与传统的互联网服务相比，存储量更高，数据管理能力和信息处理能力更强，在信息技术应用水平较低的地区，云计算的适用性和可推广性较高。云计算不仅能够适应农业信息化的用户特点，还能满足农业信息平台建设和农业信息资源整合管理的需要。将云计算技术引入到各类农业信息网络平台的建设中，将极大推动我国农业信息化的发展。"三农"领域的信息化建设，不仅包括智能农业建设和信息村镇建设，还包括农业综合信息化服务以及农村地区电子政务建设。随着我国经济的快速发展和信息化技术的普及，各级政府、涉农企业和农民已经意识到了农业信息化的重要性，已经开始主动学习、了解移动互联网等信息化技术。将云计算技术引入"三农"领域，可以大幅降低农业信息化的建设成本，推进农业信息化服务体系的建设，充分发挥农业信息化在集中管理和方便快捷等方面的优势。根据我国现阶段农业发展和信息化技术应用水平，云计算在农业信息化中的前景可以概括为以下三个方面：

一是云计算可以加快我国农业信息化建设进程。在农业科技信息传播方面，云计算能够很好地提升农业信息的横向交流水平，增强农业信息发布的精确度和时效性，扩展农业信息的传播方式，加速推进我国农业信息化的转型升级。在实际应用方面，云计算可以有效解决我国涉农资源利用率不高、信息网点集中度不足、农户知识水平偏低等一系列现实问题，节省农业信息化过程中的硬件和软件维护成本。

二是云计算可以实现信息资源的快速检索。云计算的虚拟化存储技术，能够提供海量的文字、图片、音频等多媒体数据存储服务，进而提升数据的采集、处理、统计和分析精度。云计算在海量数据的基础上，能够充分发挥信息安全可靠、服务快捷便利等优势，直接为用户提供数据挖掘服务。此外，传统网络信息服务平台的计算能力和检索速度也在云计算的加持下得以大幅提升，硬件已不再是阻碍信息检索的障碍。目前，国内很多大型搜索网站都已经引进云计算技术，并取得了较好的运行效果。

三是依托云计算技术可以构建"三农"领域的综合服务平台。从技术层面看，现阶段云计算在农村科技信息服务平台中的虚拟化建设处于深入探索阶段，部分高校和科研团队已经成功在网络平台上搭建起"私有云"架构，通过服务器和存储框架迁移现有网络服务器，实现云计算在虚拟化环境中的运行。要想实现真正的"私有云"，不仅需要研发自助服务入口，还需要开发出具有动态、共享、区域特征的应用构件。这样才能真正构建起"三农"领域的综合信息服务平台。

4.3 "互联网+"拥抱未来的路径

4.3.1 积极发展信息化农业、创业农业、工厂化农业

在设施农业和高标准农田建设过程中，引导、鼓励农民、种植大户、农民合作组织、龙头企业利用互联网来改造农业的生产模式、流通模式、服务模式，加快农业生产环节向产前、产后延伸，延长产业链，打造供应链，提升价值链，推进农业全产业链发展，提高农产品质量和农业附加值。加速推进"互联网+"现代农业行动计划的实施，尽快实现现代信息技术在农业生产、经营管理和社会化服务等方面的全面应用。鼓励对大田种植、设施农业、畜禽养殖、渔业生产等进行物联网改造，探索网络化、智能化、精细化的现代种养加模式。采用大数据、云计算等先进技术改进监测统计、分析预警、信息发布等技术环节，建立健全农业信息监测预警体系，强化上下游对接和信息互联互通共享。

4.3.2 提高新型农业经营主体经营电商的能力

在"互联网＋"背景下，农业生产的各个环节如种植、加工、流通、仓储及销售等正在经历深刻变革，农村电商成为推动农业生产变革的重要力量（图4-2）。通过调研杭州富阳山居农产品专业合作社联合社发现，农村电商能够有效提升生产效益，促进农户收入持续增长。分析农村电商促进农户收入增加的机制，至少包括三方面原因：一是农村电商拓展了农产品价值链，且价值增值部分逐渐向农户转移；二是种植当地特色农产品有助于打造品牌，形成规模种植；三是农产品"社会化"刺激了社会需求，社交软件如微信、微博等平台的飞速发展成为特色农产品走向市场的关键因素。

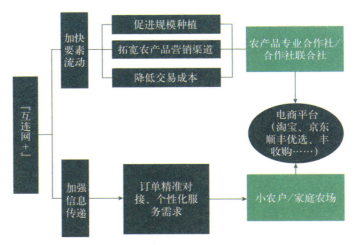

图4-2　互联网要素对农业生产过程的影响

因此，提高新型农业经营主体的电商经营能力需要鼓励专业大户、家庭农场、农民合作社、农业企业等借助互联网技术手段，拓宽农产品营销渠道，提升农产品流通的组织化和精细化程度。完善农产品溯源体系。鼓励企业开发多样化的农产品移动应用，完善食品安全追溯公共服务平台，加快二维码和区块链等技术由流通经营向生产加工环节推广、由城市社区向田间地头普及，实现食用农产品"从农田到餐桌"的"一扫即知"，保障"舌尖上的安全"。加强人才培训工作，提高政府、企业和农民应用电子商务的能力，建立专业培训基地和师资队伍。

4.3.3 以电商促进小农户与现代农业有机衔接

围绕互联网技术与农业深度融合开展专项培训，提升传统农户对互联网的了解。本土化培育农村电商领办人，以互联网为纽带，强化农民市场主体意识、参与意识与合作意识，促进电商平台、新型农业经营主体与农户建立更加紧密的利益分配机制。大力发展微商，以互联网平台促进众筹众包、消费者定制等新业态发展，协助小农户精准定位潜在消费者。探索电商数据与诚信体系结合，促进农村信用体系建设，重新培育淳朴文明的乡风，进而提高乡村有效治理的水平。

以互联网连接需求升级，以销定产，大力促进农业结构优化调整。促进电商与农村经济深度融合，探索通过互联网融合农村一二三产业、促进农村经济转型升级的有效模式。围绕农产品电商，发掘故事，并用互联网宣传推介出去，着力打造集电子商务、文化旅游、乡村体验于一体的美丽乡村，尝试实现乡村经济的内生发展与人居环境的持续优化。针对城乡居民日益增长的对绿色优质农产品和生态产品的需求，增加乡村转型发展的内生动力，切实转变农业发展方式，让农业成为魅力产业、农村成为宜居乐土、农民成为体面职业。

充分发挥好电子商务在增加农民收入、增强农民消费能力、提高消费便利程度、降低消费成本、促进消费升级方面的作用。按照"互联网+流通"行动计划，重点培育多元化市场主体，支持电商、物流、商贸、金融等各类社会资本整合优势资源，推动建立电商、物流与农产品龙头企业的合作与联盟，促进线上线下融合发展。鼓励地方开展农产品电商产业园区建设，让更多的农民依托电商产业园进行创业、就业，有机整合品牌推广、物流集散、人才培养、技术援助等环节，尽快建立适应农产品电商发展的标准化体系，逐步增加农产品电商平台和乡村电商服务站的数量。

案例

富阳山居农产品专业合作社联合社

富阳山居农产品专业合作社联合社（以下简称富阳山居联合社）成立于2013年，是杭州地区首家农民专业合作社联合社，由32家合作社出资组成，注册资金1000万元。联合社内设资金互助会、财务部、项目部、电子商务部、销售部、技术研发部等部门，各部的负责人由成员社的理事长担任，职责分工明确，工作人员主要由大学本科以上学历毕业生专职专岗，现聘有大学生18名。联合社经营范围涵盖种植业、养殖业，销售粮油、水果、蔬菜、水产、蚕桑、禽蛋六大类型的富阳特色农产品。

富阳山居联合社微店首页

富阳山居联合社在运营过程中，主要采用B2C（企业对消费者）、O2O（线上到线下）两种电子商务模式：在B2C方面，联合社开设阿里巴巴店铺1家，淘宝店铺7家，并在32家成员单位建设电子商务服务网点，招聘专业电子商务运营人才2人、美工及技术人员16人，配备专业电脑、相机、专业设计软件等，构建富阳山居农产品区域性统一品牌，充分发挥富阳山居的品牌效益，打造富阳山居农产品电子商务服务网络体系；在O2O方面，联合社以有机绿色食品为理念，开发网络订购、生态采摘、农家乐旅游等多种形式的网络营销模式，发展农村特色旅游和生态休闲建设。

富阳山居联合社成功结合"半山桃花节"等活动开拓O2O营销，与杭州城市社区、超市等订立农产品直销协议，联合社根据产品类别收取2%~8%的服务费，其余全部返还成员单位，保证农户收益。2016年完成订单1 357万元，实现利润216万元。

案例

密农人家农产品电商

2012年，北京市密云县（今密云区）河南寨镇返乡青年孔博创办了北京密农人家农业科技有限公司（以下简称密农人家），依托密云的优质农产品资源，通过互联网渠道进行农产品的推广和销售，践行"互联网＋农业"，做市场信息大数据的二传手，与当地50多家合作社签约种植生产，通过密农人家电商平台在淘宝、京东、微信等渠道全年稳定供应140余种优质农产品，聚焦北京城区中高端市场，辐射天津、河北、上海、浙江等地市场。

其中淘宝店铺2013—2015年连续三年位居淘宝网蔬菜类目首位，2015年销售额突破1 000万元，带动2 000余农户实现生产转型，用大数据支持生产，早上采摘，当日送达，在网络市场上塑造了密云农产品"优质、新鲜、放心"的品牌形象。帮助农民走进网络市场，实现优质优价，带领本县农民创业，提高当地农民农业生产收入，已初具成效。

（一）密农人家电商运营状况

密农人家的主要产品为无公害或绿色等级的蔬菜、禽蛋肉类、特色水果杂粮等。目前共拥有会员45 000余户，其中80%集中在北京市区。2012年实现销售额75万元，2013年销售额150万元，2014年销售额350万元，2015年销售额1 080万元，连续四年来销售额保持150%以上的增长速度。

密农人家根据阿里巴巴、京东等电商平台的大数据系统发现，京津冀地区的消费者对农产品电商的需求呈现出明显的两极化特征：一类消费者追求极端的便宜快捷，而另一类消费者则追求高品质、新鲜优质。密农人家根据行业最新的发展趋势，开始转变经营思路和理念，逐步向区域个性化农产品电商转型。

一方面，密农人家在大数据分析的基础上，积极推广优质新品种并进行试种，获得消费者的正面反馈后，立即在合作社或生产基地进行大范围推广；另一方面，密农人家在带动合作社的产业升级和提质增收方面成效显著，比如订单生产的"日本栗面贝贝"南瓜、日本原味小西红柿，合作社在产量减少的同时因为收购价格大幅度增加，仍然实现增收。

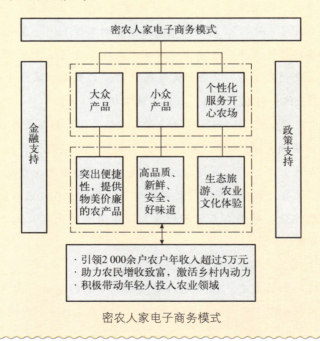

密农人家电子商务模式

（二）密农人家电商带动农民增收的机制

密农人家在"互联网＋农业"方面进行了大胆的尝试，先后通过建立专业的技术团队和部署电商战略规划并与其他单位合作等方式探索出一条成功的农业电子商务模式。

2015年6月，密农人家成功承办密云县首届农产品电子商务培训班，吸引了近50名青年农户参加农产品电商培训，积极引领更多的农村年轻人投入农产品电商领域。2016年1月，密农人家与金叵罗村达成深度战略合作，密农人家将金叵罗村作为密农人家线下体验基地，利用互联网平台大规模宣传金叵罗村民俗旅游，将线上服务、线下体验形成闭环，积极打造金叵罗村的生态旅游系统。2016年2月，密农人家与奥仪凯源合作社达成战略合作，形成"互联网＋技术农业"合作模式，密农人家利用各个平台宣传推广并成功孵化"奥仪凯源"这一品牌，同时奥仪凯源合作社为密农人家提供强有力的产品和技术支撑，优势互补，共同打造"本来生活＋褚橙"的模式。

密农人家借助互联网平台，积极实施农产品电子商务战略，带领合作农户实现增收。2017年密农人家实现优质蔬菜销售量750吨、水果销售量180吨，全年销售额6 000万元，带动合作农户5 000户，人均增收2 000元。

解读

农业价值链的含义

农业价值链是价值链理论在农业生产领域的成功应用。农业价值链的外在形态是由与农产品生产直接相关联的产业群所组成的网络机构，包括产业前期、中期和后期所有部门。换言之，农业价值链涵盖了农产品从生产到流通，最终到达消费者手中的整个过程。这一流通过程，农业生产者、农产品加工商、农产品经销商、消费者和农产品生产资料供应商等上下游主体都参与其中。农业价值链通过农产品生产资料的供应、生产、加工、深加工、销售等环节将上下游主体融为一个整体，链条中各参与者彼此依存，通过相互合作实现整个链条的价值增值。

5 绿色发展转方式
——农业绿色发展

　　绿色发展与人民福祉紧紧相连，自党的十八大成功召开以来，党中央、国务院高度重视绿色发展，把"四位一体"扩大到了"五位一体"，习近平总书记也多次强调，绿水青山就是金山银山。十九大报告进一步指出，要"推进绿色发展"，"形成节约资源和保护环境的空间格局、产业结构、生产方式、生活方式"。在生态环境和农业资源的双重"红灯"面前，发展绿色农业不仅是农业供给侧结构性改革的重要内容，更是当代农业发展观的一场深刻革命。

　　近年来，随着农村经济的发展，农业综合开发规模和乡镇企业对资源的利用强度日益加大，资源环境压力日益增加，人口与环境协调发展的问题日趋突出，推动农业绿色发展已经成为政府的当务之急和重中之重。本章主要分析中国农业污染现状，阐释农业绿色发展内涵，最后提出中国农业绿色发展战略的建议。

5.1 什么是绿色发展

5.1.1 绿色发展理念的历史脉络

　　绿色发展是新发展理念的重要组成部分，其核心是人与自然的关系。绿色发展理念的历史演变，也是围绕人与自然的关系展开的。在原始社会，人们敬畏自然，崇拜自然力量；在农业社会，人们顺应自然，基本上靠天吃饭；进入工业社会以后，人们开始利用科学技术征服自然，激化了人和自然的矛盾。恩格斯早在1886年就已指出，"我们不应过分陶醉于我们对自然界的胜利，对于每一次这样的胜利，自然界都报复了我们。"但是直到20世纪60年代，美国学者卡森在《寂静的春天》中指出了农药对生态的危害以后，才陆续有这方面的研究和报道，并逐渐引起了人们的注意。1987年，联合国世界环境与发展委员会的报告《我们共同的未来》中正式提出了可持续发展的概念。1992年，联合国环境与发展大会通过的《21世纪议程》深化了可持续发展的内涵。面对全球性的生态环境问题，人们逐渐意识到，开创一个新的文明形态延续人类文明是十分有必要的。绿色文明作为生态文明的典型代表，凝结了绿色发展的深刻内涵。与农业文明强调顺应自然、工业文明热衷于征服自然不同，生态文明更加强调人与自然的和谐发展。

关于人与自然的关系，中国的传统文化早有涉及，其中以道家"天人合一、道法自然"的思想最为出名。中国道家认为，天是自然，人是自然的一部分。庄子说，天地者，万物之父母也。老子说，人法地，地法天，天法道，道法自然。董仲舒天人合一观点认为，"天"代表生命体所居住的物质环境，"人"代表承载物质资源的思想主体，"合"是矛盾转化的具体表现形式，"一"是矛盾相依相存的基本属性。所谓天人合一就是强调人与大自然要和平共处。"天人合一、道法自然"的道家思想总结起来就是：人类要学会与自然和谐相处，适应事物发展的客观规律。

关于人与自然的关系，马克思主义理论中有专门讲述二者关系的自然生产力的论断。马克思曾指出：无论人类社会发展到哪一个阶段，人的生产活动和自然界本身的生产力都是社会物质生产过程的重要组成部分。马克思主义生产力理论认为，生产力是社会生产力与自然生产力相互作用进而形成的统一整体，它不仅指社会生产力，还包括自然生产力。也就是说，自然生产力也是生产力。

遗憾的是，"自然生产力也是生产力"这一论断，在当时并未引起足够的重视。传统主流经济学只承认人的劳动产品的价值，不承认自然界即自然生态系统为人类提供生产生活资料等生态产品与服务的价值；只承认社会物质生产和社会生产力，不承认自然物质生产和自然生产力。因此，地球生态系统为人类提供的各种自然资源被视为无价和无限的，人们认为自然环境的自我调节和自净能力是无限的，大自然承载和接纳人类生产生活废弃物的能力和容量也是无限的。当今世界资源耗竭、环境污染、生态退化等一系列生态环境问题，乃至全球性生态环境危机的出现，与这种错误的认识不无关系。

现阶段，我国对生态文明建设的认识达到了一个新的高度。2007年党的十七大报告中提出了建设生态文明的要求。2012年党的十八大报告进一步提出，建设生态文明是关系人民福祉、关乎民族未来的长远大计，要树立尊重自然、顺应自然、保护自然的生态文明理念，并形成了经济建设、政治建设、文化建设、社会建设、生态文明建设"五位一体"总体布局思想。2015年党的十八届五中全会又提出了创新、协调、绿色、开放、共享的新发展理念。《中共中央关于制定国民经济和社会发展第十三个五年规划的建议》提出，坚持绿色富国、绿色惠民，为人民提供更多优质生态产品，推动形成绿色发展方式和生活方式。

党的十八大以来，习近平总书记在多个场合提到绿色发展理念，多次强调"生态兴则文明兴，生态衰则文明衰"，"保护生态环境就是保护生产力，改善生态环境就是发展生产力"，"我们既要绿水青山，也要金山银山。宁要绿水青山，不要金山银山，而且绿水青山就是金山银山"。习近平总书记用通俗易懂的语言阐明了中国特色社会主义生态文明建设的原则和目标，深化了绿色发展的理论内涵。

5.1.2 绿色发展的内涵

绿色发展模式脱胎于传统的工业化、城镇化过程，考虑资源环境承载能力，追求更加高效、更加清洁、更加可持续、更加全面的经济发展，同时，绿色发展成果应惠及于民。绿色发展是一个从低级到高级不断演化的过程。不同国家和地区绿色发展面临的主要矛盾和重点任务不同。

绿色发展作为一种可持续的发展模式，具有下述特征。一是协调性。绿色发展兼顾经济发展、社会发展和资源环境承载力，旨在实现绿色富国、绿色惠民。二是系统性。绿色发展涵盖了当前资源能源节约与高效利用、环境污染治理、生态修复、循环经济、清洁生产、国土空间规划等诸多领域，比发达国家倡导的绿色经济内容要丰富很多，这与我国当前所处的发展阶段及面临的复杂资源环境问题密切相关。三是全球性。当前全球面临共同的气候危机和环境危机，积极应对气候变化、保护地球环境、实现全球可持续发展，与每个国家的利益密切相关。当前绿色发展仍处于理论构建和实践摸索阶段，急需全球共同努力。四是发展中国家绿色发展的后发性。当前全球面临严峻的气候危机和环境危机，每个国家都要承担与其发展能力相对等的责任。后发展国家可充分利用国际市场上的技术资源优势，快速提高本国学习能力和研发能力，加快缩小与发达国家在绿色发展领域的差距，实现"绿色追赶"。

5.1.3 农业绿色发展的内涵

根据绿色发展的内涵，笔者认为，科学认识农业绿色发展，应准确把握好"四个更加注重"，即更加注重资源节约、更加注重环境友好、更加注重生态保育、更加注重产品质量。

更加注重资源节约。资源节约是农业绿色发展的基本特征。长期以来，我国农业的生产一直处于高投入、高消耗、过度开发的恶性循环中，自然资源严重透支。农业绿色发展就是要改变这种资源耗损的现状，依靠科技创新和意识转变，在实现高土地产出率和高劳动生产率的同时降低资源损耗率，实现农业"节本增效、节约增收"。

更加注重环境友好。环境友好是农业绿色发展的内在属性。农业是和自然环境接触最多的产业，稻田、菜园、果园都是自然环境赋予农业的天然财富。但是，近年来，在农业快速发展的同时，生态环境也遭到了一定程度上的破坏。推进农业绿色发展，就是要大力推广绿色农业生产技术，重新审视农业环境污染问题，还原农业绿色的本来面貌。

更加注重生态保育。生态保育是农业绿色发展的根本要求。"山、水、田、林、湖"作为一个生命共同体，彼此调节、相互依存。我国农业生产的粗放式开发，导致了严重的生态失衡现象，农业生态系统的功能在逐步退化。推进农业绿色发展，就是要加快生态农业建设水平，加大力度培育可持续型农业和可循环型农业的发展模式，将农业建设作为我国生态建设的重要基础。

佳木斯汤原稻田养鸭基地

更加注重产品质量。产品质量是农业绿色发展的重要目标。习近平总书记强调，推进农业供给侧结构性改革，始终要把绿色优质农产品的供给放在优先位置。现阶段，我国农产品总量供给虽然充足，但优质农产品供给不足，这与当前城乡居民消费结构不匹配，消费结构升级带来的需求远远超过优质农产品供给总量。农业绿色发展，就是要增加优质、特色农产品的有效供给，促使农产品供给从"量"向"质"的方向转变，满足城乡居民日益增长的消费需求。

5.2 农业为什么要实现绿色发展

改革开放40多年来，我国农业取得了举世瞩目的成就，创造了仅用不到10%的耕地养活世界近20%的人口的伟大奇迹，中国农业的发展对世界农业的发展做出了积极贡献。但在取得辉煌成绩的同时也应该看到，我国农业发展是建立在对水土等农业资源过度开发和粗放消耗基础上的，农业生态环境面临严峻挑战，推进农业绿色发展迫在眉睫、刻不容缓。

5.2.1 农业生产污染严重

农业化学品污染十分严重。近年来，为了追求农作物高产，化肥、农药、农膜大面积过量使用，造成地表和地下水体污染，影响了农业可持续生产能力。2017年，我国农用化肥施用折纯量5 859.41万吨，较5年前已大幅下降，但亩均化肥施用量仍远超过国际上公认的化肥施用安全上限（15千克／亩）[①]。化肥长期过量使用，除了污染地表和地下水体之外，还会导致土壤板结、沙化，而且部分重金属伴随农用化学品进入土壤，使得耕地污染进一步严重。在农药施用方面，2017年我国农药有效成分的施用量高达165.5万吨，亩均用

---

① 关于化肥、农药、农膜用量的数据均来自环保部接受中央农村工作领导小组办公室调研时提供的报告。

量超过1千克，但利用率不足40%。大量农药过量使用，导致农业面源污染严重，进而影响食用农产品的质量安全。海南"毒豇豆"、山东"毒生姜"等事件，正是农药污染影响食品安全的典型案例。在农膜使用方面，2017年我国农膜使用量也已突破250.8万吨，覆盖面积居世界前列，农膜残留率一直居高不下。农膜残留严重破坏土壤结构，妨碍农作物根系生长和对水肥的吸收，导致农业生产力下降。而且，农膜中的苯、甲酸等化学成分也会污染土壤和水体。

规模化畜禽养殖污染物排放量巨大。一方面，部分地区畜禽养殖废弃物排放严重超过土壤消纳能力，造成农田土壤污染；另一方面，饲养过程中使用的药物和饲料中的微量元素随着动物粪便排出，进一步导致土壤和地下水严重污染。此外，过量施用畜禽粪便制造的有机肥，还可能导致土壤盐渍化，进而损害耕地持续生产能力。

农村生产生活垃圾处理基本处于无序状态。农业生产过程中产生的废弃物处理不当，也会造成大规模污染。很多地区对农作物秸秆、农膜等的处理方法以露天焚烧为主，这对空气造成了很大污染。在PM2.5（细颗粒物）的各种污染源中，至少有4%来自秸秆燃烧[1]。但是，由于秸秆通常是在一两天内集中焚烧处理，因此在秸秆焚烧污染最严重的时候，秸秆焚烧所产生的PM2.5可能占到当天PM2.5总量的1/3[2]。很多农村生活垃圾和污水也处于无序排放状态。据测算，我国农村每年产生生活污水90多亿吨，生活垃圾2.8亿吨。近年来，随着农村生活方式的变化，生活垃圾种类和形态也发生了很大变化，也给环境污染治理带来了很大困难。

耕地质量急剧下降。目前，我国耕地土壤污染严重。根据2014年环保部、国土资源部发布的《全国土壤污染状况调查公报》，全国土壤总的超标率

---

① 王海燕.雾霾这么重，秸秆为啥还在烧［N］.解放日报，2013-12-10（1）.

② 李禾.秸秆焚烧给雾霾"加码"出路何在［N］.科技日报，2013-12-13（7）.

为16.1%，耕地土壤点位超标率为19.4%，其中，2.9%的耕地呈现出中度和重度污染状况。土壤中的污染物主要为镉、镍、铜、砷、汞、铅、滴滴涕和多环芳烃。虽然无机物污染和有机物污染与工矿企业生产有很大关系，但是近年来农业生产中化肥、农药的过度使用，也是重要污染源头。2013年，湖南销往深圳的大米中多批次检出镉超标，引发社会广泛关注，直接导致湖南大米滞销。目前，我国农业生产污染途径多，原因复杂，控制难度大，耕地土壤污染呈现复合型、难治理的特点。

5.2.2 水资源开发利用模式不可持续

目前，我国农业用水的开发利用模式已经不可持续。我国许多地区尤其是华北和西北地区水资源过度开发问题十分突出。2016年，全国21个省（自治区、直辖市）地下水超采总面积近30万千米^2，年均超采170亿米^3[1]。一些地区河流断流、干涸现象屡见不鲜。我国最大的淡水湖——鄱阳湖枯水期延长，一段时间内几乎变身草原。然而，在这种严峻的情况下，我国农业用水的效率依然较低，全国节水灌溉率不仅低于法国、以色列等集约式农业用水国家的水平（80%～90%），也低于美国等粗放式农业用水国家水平（50%）。此外，我国的水环境状况也不容乐观。化肥、农药等造成的面源污染防控难度大。目前，地下水污染呈现出由点状向面上扩散、由浅层向深层渗透的趋势，部分地下水重金属和有机物污染严重。

5.2.3 农业生物多样性不断减弱

农业生物多样性对人类的发展起着重要的保障作用，对生态环境意义重大。我国是世界上生物多样性最为丰富的国家之一，高等植物和野生动物的物

---

[1] 吉炳轩. 全国人民代表大会常务委员会执法检查组关于检查《中华人民共和国水法》实施情况的报告[EB/OL]. http://www.npc.gov.cn/npc/xinwen/2016-10/12/content_1999020.htm.

种数量约占世界总量的1/10。然而，由于人类对资源的掠夺式开发利用、环境污染、生物环境变化、气候变化等，物种数量急剧减少，有的物种已经灭绝，农业生物多样性不断减弱，耕地生态系统也变得单一。据统计，我国高等植物大约有3 700多种处于濒危或受威胁状态。近30年来，经济的高速发展和人口的不断增长对生态环境造成影响，野生植物资源消耗速度加快，濒危野生植物物种数量有所上升。

5.2.4 林草资源退化严重

根据2014年第八次全国森林资源调查结果，全国森林面积为2.08亿公顷，森林覆盖率为21.63%，远低于全球31%的平均水平，人均森林面积仅为世界人均水平的1/4，人均森林蓄积只有世界人均水平的1/7，森林资源总量相对不足、质量不高、分布不均的状况仍未得到根本改变。总体上看，我国仍是一个缺林少绿、生态脆弱的国家。

草地作为可以持续利用的自然资源，不仅能为畜牧业的发展提供充足的物质保障，还能保障环境的生态平衡。但由于人类的粗放式经营、过度放牧等，我国的草地资源退化呈加速趋势，中度退化程度以上的草地面积仍占有很大比重，草地生态环境的总体形势仍十分严峻。

5.3 农业怎么实现绿色发展

党的十九大报告把生态文明建设放在突出地位，"生态文明"在十九大报告中累计出现了12次。十九大报告明确指出，建设生态文明是中华民族永续发展的千年大计，要加快生态文明体制改革，建设美丽中国。2017年中共中央办公厅、国务院办公厅印发了《关于创新体制机制推进农业绿色发展的意见》，这是党中央出台的第一个关于农业绿色发展的文件，是贯彻落实习近平总书记重要指示要求和新发展理念的重大举措，是指导当前和今后一个时期农业绿色发展的纲领性文件，这也为我国农业绿色发展提供了新思路。

5.3.1 制定粮食生产和涵养生态相统一的战略方向

在保持18亿亩耕地红线不被突破的前提下，按照"藏粮于地"的战略思路，在保障国家粮食安全的前提下，正确处理粮食生产和涵养生态二者的关系。科学调整粮食种植结构，适度鼓励休耕、轮作，大力涵养生态环境。在东北地区特别是黑龙江，实施轮作补贴，逐步形成"两到三年玉米，一年大豆"的科学轮作方式，提高土壤肥力。在华北地下水超采区，减少水稻、小麦等高耗水作物的种植。在南方部分重金属污染地区，应扩大高秆、重金属吸附能力弱的作物种植。在部分生态较为脆弱的地区，实施适度的休耕计划。部分污染严重、确需退出粮食生产的地区，可实行退耕还林，涵养生态环境。

内蒙古旱作农业

水肥一体种植园

5.3.2 强化农业农村环境突出问题综合治理

对农业农村污染进行连片整治，开展多重污染物协同控制，完善区域联防联控联治机制。大力发展农作物秸秆综合利用产业，提高农膜回收效率，严格控制秸秆和农膜的露天焚烧。加快提升农业生态资源环境监管能力，加大农村基层监管力度。加大对环境违法行为和重大环境污染事故的责任追究和处罚力度，探索实行生态环境损害终身追责制度，把农业生态环境效益和损害程度纳入政绩考核体系。深入开展农业农村环境整治专项行动，强化技术指导和资金支持，优先加快解决农业农村环境中的突出问题。

5.3.3 转变农业生态环境保护模式

强化全流程保护，针对农业生产和消费各环节统一进行制度和政策设计，更加注重源头管理，消除环境隐患。逐步健全和完善化肥施用环境安全监管制度、农药使用登记审查制度、农膜覆盖评估管理制度，遏制农业化学品投入不当对产地环境的不良影响。鼓励社会参与，最大限度地动员各方面的力量，完善社会监督机制，同时倡导理性消费，减少食品浪费，形成全民农业生态文明共建共保的新格局。

完善我国农业生态补偿法律法规体系，提高农业生态补偿标准，扩大补偿范围，建立合理的农业生态补偿机制。实行农业生态补偿，必须把保护农民利益放在首位，只有这样农民才有动力采取措施，积极保护与修复农业生态。由于一直以来城乡二元结构的影响，政府通常比较关注城市的环境保护，而忽略了农村和农业的生态环境保护，环保资金也较多地投入城市，而有关农业生态补偿的标准却普遍较低。要提高农民参与农业生态保护的积极性，就要建立合理的农业生态补偿机制，提高农业生态补偿标准，确保农民的生活水平不因为保护生态而降低。在考虑受偿主体经济成本的同时还应充分考虑生态环境的价值，在国家经济的发展水平和对生态效益的需求之间寻求动态平衡。

5.3.4 加大对环境友好型农业的扶持力度

建立对有机农业、节水农业、循环农业等环境友好型农业生产的"以奖代补"机制，支持无公害、绿色、有机农产品规模化和区域化发展。制定有机肥、病虫害生物防治、天然农药、可降解地膜、自然植物生长调节剂和饲料添加剂方面的支持政策，加大有关产业的资金扶持力度。严格规范规模化畜禽养殖企业的污染排放行为，要求相关养殖企业配套污染处理设备、粪肥施用种植基地等，促进畜禽有机肥按需求均衡利用。对秸秆收集、破碎还田等行业和畜禽粪便等废弃物无害化处理和综合利用行业进行政策支持和资金补贴，努力减少污染无序排放和过度集中等不合理利用现象。

5.3.5 推动农业和环境政策法律一体化

农业自然资源在很多情况下属于公共物品，而开发利用自然资源的农业活动往往具有外部性，因而极易发生市场失灵问题。比如，农民种植农业生态公益林，对于农业生态环境保护做了贡献，但由于存在外部经济性，他们并不能从获益者那里得到报酬，所以，难以从经济上激励农民做出保护农业生态环境的行为。同样，农民过量使用化肥、农药造成污染，也不必向受害者支付费用，也就无法从经济上遏止农民污染环境的行为。

农业可持续发展关系到国家和社会大局，必须在自然资源管理体制方面深化改革，建立健全保护自然和生态环境的法律法规，以保障农业可持续发展。在自然资源管理体制方面：要实行严格的土地管理制度，完善耕地保护责任考核体系，实行土地管理责任追究制；明晰林权，建立部门之间管理权限与利益协调机制；建立健全水资源管理责任和考核制度，确立水资源开发利用控制、用水效率控制、水功能区限制纳污"三条红线"。在建立健全自然和生态环境法律法规方面：统一立法理念、目标和内容，使其符合自然和生态环境建设的法律要求；强化环境法律法规的可行性，保证其有效实施；建立多层次、全方位的监督体系。

在发展农业生产同时，必须把加强生态环境保护放在更加突出的重要位置。实施最严格的农业生态资源环境保护制度，创新农业生态资源环境保护治理模式，强化空间管控和源头治理。加快土壤环境保护立法进程，修订《中华人民共和国食品安全法》和《中华人民共和国农产品质量安全法》等法律的相关内容，促进农业立法与环境立法的互动。科学规划农业产业空间布局，在实现重要农产品有效供给的同时，减少农业生产对产地环境的不利影响。

 问答

什么是绿色农业？

　　绿色农业概念的提出源于我国绿色食品产业约二十年长足发展的丰富实践。绿色农业是指一切有利于环境保护、有利于农产品数量与质量安全、有利于可持续发展的农业发展形态与模式。绿色农业在其高级化过程中会逐步采用高新绿色农业技术，形成现代化的产业体系。

产业高级化的关键是规模、市场和技术，目标是实现农业可持续发展和推进农业现代化，确保整个国民经济的良性发展，满足新时代城乡居民的生活需要。绿色农业的发展是成熟的绿色食品产业发展模式向农业的全面推广和示范，是一种"精英平民化"的发展模式。绿色农业涵盖一个"大农业"整体由低级逐步向高级演进的漫长过程，在这个过程中，随着社会和居民消费偏好的逐步升级、农业科学技术与管理手段的进步、绿色等级认证的规范化和标准化在整个农业产业链条的实施，初级绿色农业模式会渐进演变为高级绿色农业模式。当前，绿色农业发展的阶段性要求应该是绿色等级认证制度和产业标准化的构建及相应制度环境的构建与完善。

 **拓展阅读**

生态农业模式

生态农业模式是一种在农业生产实践中形成的兼顾农业的经济效益、社会效益和生态效益，结构和功能优化了的农业生态系统。根据生态学的组织层次，生态农业的模式可以分为三个层次，即区域与景观布局模式、生态系统循环模式和生物多样性利用模式。在一个农业的区域和景观区中，最重要的就是平衡农业生产、生活、生态功能的整体布局。在一个通过能量和物质流动串联起来的农业生态系统中，最重要的就是保证能流、物流的畅通和物质的循环利用。

稻田养小龙虾

　　为进一步促进生态农业的发展，2002年，农业部曾向全国征集到了370种生态农业模式或技术体系，通过专家反复研讨，遴选出经过一定实践运行检验、具有代表性的十大典型模式和配套技术，分别是：北方"四位一体"生态模式及配套技术、南方"猪-沼-果"生态模式及配套技术、平原农林牧复合生态模式及配套技术、草地生态恢复与持续利用生态模式及配套技术、生态种植模式及配套技术、生态畜牧业生产模式及配套技术、生态渔业模式及配套技术、丘陵山区小流域综合治理模式及配套技术、设施生态农业模式及配套技术、观光生态农业模式及配套技术。

林下养鸡

6 改革创新添动力
——农村改革和创新

6.1 优化粮食价格形成机制和收储制度

深化粮食等重要农产品价格形成机制和农产品收储制度改革，是我国农业供给侧结构性改革的一场"硬仗"。早在2004年，中央1号文件就提出要全面放开粮食收购和销售市场，实行购销多渠道经营①。当年度国务院颁布的《粮食流通管理条例》中明确提出："粮食价格主要由市场供求形成"，同时要增强国家对粮食市场的调控能力。14年后，2018年中央1号文件再次重申，深化农产品收储制度和价格形成机制改革，加快培育多元市场购销主体，改革完善中央储备粮管理体制。

6.1.1 粮食市场调控政策体系的形成

2004年3月下旬，国务院召开全国农业和粮食工作会议，确定了早籼稻的最低收购价格，并对相关工作做了部署。2004年5月，《国务院关于进一步深化粮食流通体制改革的意见》（国发〔2004〕17号）明确，国家会在粮食主产区择机对"短缺的重点粮食品种"实行最低收购价格。同年7月下旬，国家

---

① 《中共中央国务院关于促进农民增加收入若干政策的意见》（中发〔2004〕1号），2003年12月31日。

发展改革委、财政部、农业部、国家粮食局、中国农业发展银行联合发布了2004年早籼稻最低收购价执行预案，明确最低收购价政策执行主体为中储粮总公司和地方储备粮公司。9月中旬，上述五部门又联合发布了2004年中晚稻最低收购价执行预案，确定了中晚籼稻最低收购价。由于2004年市场粮价在最低收购价以上运行，最低收购价执行预案没有执行的基础。

2005年，"对短缺的重点粮食品种在主产区实行最低收购价政策"写入中央1号文件。2005年3月初、4月中旬和7月初，国家发展改革委、财政部、国家粮食局、中国农业发展银行联合发出通知，制定了2005年早籼稻、中籼稻和粳稻、晚籼稻的最低收购价。7月中旬和9月初，上述四部门和农业部又联合发布了2005年早籼稻和中晚稻最低收购价执行预案。2005年7月，国家首次启动了粮食最低收购价政策，执行的范围是江西、湖南、安徽、湖北4个粮食主产省，执行的品种是早籼稻。同年9月，中晚稻最低收购价启动。

2006年中央1号文件中，就最低收购价政策的表述中删除了"短缺的"这一字样。2006年，小麦也纳入最低收购价政策执行范围。国家发展改革委、财政部、国家粮食局、中国农业发展银行和农业部、中储粮总公司联合发布小麦最低收购价执行预案。也正是在2006年，稻谷和小麦最低收购价执行预案中明确了执行时间。2006年底，国家对最低收购价的稻谷开始实施政策性粮食竞价销售。

2007年中央1号文件对最低收购价政策再度更改表述为"对重点地区、重点粮食品种实行最低收购价政策"，这样本来设计为针对"短缺"粮食品种的主产区政策转为针对"重点地区、重点粮食品种"。

2008年伊始，针对粮食价格上涨的态势，国家首次提高了最低收购价格。3月底，考虑到2008年粮食生产成本增加较多，国家再次提高2008年生产的稻谷和小麦的最低收购价水平。2008年粮食价格出现了暴涨暴跌，局部地区出现了农民"卖粮难"问题。2008年10月到2009年4月，国家在部分粮食主产区先后启动了6批国家临时存储粮食收购计划，主要针对东北地区的玉米、大豆，甚至东北和南方水稻主产区的稻谷也纳入了临时收储计划。2008年10月党的十七届三中全会决议中提出"稳步提高粮食最低收购价"，要求改善其他主要农产品价格保护办法，这为临时收储提供了中央决议的依据。与此相呼应，在2008年10月中下旬，国家发展改革委、财政部、农业部、国家粮食局、中国农业发展银行联合发文公布了2009年小麦最低收购价，价格有所提高；2009年1月底上述五部门再度联合发布并提高了了当年度稻谷最低收购价；2009年11月下旬，国家发展改革委、国家粮食局、财政部、中国农业发展银行联合发布东北地区玉米、大豆临时收储政策，并将以往的有数量的临时收储改为敞开收购。

自2009年至2014年，国家每年都在上一年度9月底至10月中旬公布小麦最低收购价，每年中央1号文件都会要求继续提高粮食最低收购价格，在1月底到2月中旬公布稻谷最低收购价，在5月中旬印发小麦最低收购价执行预案，在7月初印发早籼稻最低收购价执行预案，8月底到9月中旬印发中晚稻最低收购价执行预案，11月至次年3月或4月执行玉米和大豆的临时收储计划。而且，最低收购价和临时收储价格都基本保持了逐年上调的态势（表6-1、表6-2）。与此同时，临时存储的进口小麦、最低收购价收的小麦、国家临时收储的玉米和大豆、跨省移库的储备粮等，相继成为政策性粮食竞价销售的标的，相关交易细则不断得到修订和完善。

表6-1　稻谷和小麦的最低收购价

单位：元/斤*

年份	早籼稻	中晚籼稻	粳稻	白小麦	红小麦／混合麦
2004	0.7	0.72	0.75		
2005	0.7	0.72	0.75		
2006	0.7	0.72	0.75	0.72	0.69
2007	0.7	0.72	0.75	0.72	0.69
2008	0.77	0.79	0.82	0.77	72

* 斤为非法定计量单位，1斤＝0.5千克。——编者注

（续）

年份	早籼稻	中晚籼稻	粳稻	白小麦	红小麦/混合麦
2009	0.9	0.92	0.95	0.87	83
2010	0.99	0.97	1.05	0.90	86
2011	1.02	1.07	1.28	0.95	93
2012	1.20	1.25	1.40		102
2013	1.32	1.35	**1.50**		112
2014	1.35	1.38	**1.55**		118
2015	1.35	1.38	**1.55**		118
2016	1.33	1.38	**1.55**		118
2017	1.30	1.36	**1.50**		118

数据来源：历年我国政府网站公布的稻谷和小麦的最低收购价。

表6-2　临时存储粮食收购计划中的收购价格

单位：元/斤

年度	玉米	大豆	稻谷
2008/2009	内蒙古、辽宁0.76，吉林0.75，黑龙江0.74	1.85	粳稻0.92 籼稻0.94
2009/2010	内蒙古、辽宁0.76，吉林0.75，黑龙江0.74	1.87	不再执行
2010/2011	以中央储备粮食轮换的形式安排	1.90	
2011/2012	内蒙古、辽宁1.00，吉林0.99，黑龙江0.98	2.00	
2012/2013	内蒙古、辽宁1.07，吉林1.06，黑龙江1.05	2.30	
2013/2014	内蒙古、辽宁1.13，吉林1.12，黑龙江1.11	2.30	
2014/2015	内蒙古、辽宁1.13，吉林1.12，黑龙江1.11	取消	
2015/2016	内蒙古、辽宁、吉林、黑龙江均为1.00	取消	
2016/2017	取消	取消	

数据来源：历年我国政府网站公布的玉米、大豆和稻谷的最低收购价。

　　2014年之前，最低收购价、临时存储粮食收购计划和政策性粮食竞价交易，吞吐结合，互为补充，共同构成了国内粮食市场调控的政策组合。此外，中储粮系统作为市场主体还进行粮食储备轮换等市场化的操作，这一业务在政策的表达上，应当是独立于政策性收购，更多的是一种市场主体赚取利润的行为。

在对外政策方面，我国粮食进出口仍然实施配额管理制度。1993年后，中国对外贸易实行代理制，国营贸易企业成了进口代理商，进口主体通过投标获得配额。根据《农产品进口关税配额管理暂行办法》（中华人民共和国商务部、中华人民共和国国家发展和改革委员会令2003年第4号），主要粮食国营贸易配额须通过国营贸易企业进口，非国营贸易配额道过有贸易权的企业进口，有贸易权的最终用户也可以自行进口。配额的分配与再分配由国家发展改革委和商务部负责管理。对稻米、小麦以及玉米一般产品，执行进口普通税率、最惠国税率、关税配额税率，2015年这些商品进口税率分别为180%、65%、1%。此外，中国主导或参加了部分区域性自由贸易协定，在这些贸易协定中，也有专门的关于粮食进口税率的约定。例如，中国–东盟自由贸易区就对中国进口东盟国家的部分品种大米征收20%的关税，而没有配额限制。

6.1.2 粮食市场调控政策现存问题及原因

近年来，国际粮食供求形势发生了深刻变化，我国现行的粮食政策出现了一定的时滞问题。国内部分粮食品种供求呈现出阶段性供大于求的局面。例如，玉米连年增产，至2015年，年度产量已经超过22 463万吨，而市场普遍预计库存已经超过25 000万吨，二者相加总供给达到47 463万吨的天量，而工业、食用、饲料以及种子四种用途消费相加，也只有18 200万吨，即使加上损耗也不到18 700万吨。这导致国内粮食库存持续增加，国有粮食系统库容多次告急。实际上，国内粮食阶段性供大于求，也是全球粮食供求相对过剩的一个组成部分。根据联合国粮农组织估计，2015年全球谷物产量达到25.33亿吨，加上期初库存，总供给已经达到31.86亿吨，大幅度超过当年度25.13亿吨的总消费。

国际粮食供大于求，导致国际粮价弱势运行并呈现阶段性下跌走势。而国内粮食价格受到托市价格支撑，保持相对稳定甚至阶段性小幅上涨。这样就出现了国内外粮食价格倒挂。自2013年起，主要粮食品种出现了全面的国内外价格倒挂。其中，玉米2014年国内外价差平均超过670元/吨。由于国内外粮食价格持续倒挂，粮食进口不断增加。2015年，中国玉米、小麦以及稻米进口量分别达到473万吨、301万吨和338万吨，而且大麦、高粱、木薯干以及DDGS（干酒糟及其可溶物）等粮食替代品进口量也出现激增。李光泗、曹宝明等的研究表明：随着粮食市场开放程度的逐步提高，中国粮价与国际粮价的协整程度将逐渐增强。在粮食大量进口的情况下，国外价格跌势也会传导到国内，从而给国内粮食价格造成压力。

粮食托市价格支撑国内粮食价格稳中有涨，粮食加工企业原粮收购成本不断增加。2010—2014年，谷物磨制和饲料加工企业主营业务成本以年均21.9%、20.0%的速度攀升。而成品粮市场价格受需求稳定、宏观调控需要等因素影响，长期保持稳定，整体基本不上涨，加之近年来经济下行压力加大，部分粮食深加工品需求疲软，这就导致粮食加工企业利润减少。这种情况严重影响了企业持续经营，因此市场主体入市不积极，不利于粮食市场的健康发展。在这一背景下，粮食大多数被国储部门政策性收购。

本来最低收购价和临时收储政策是作为一种应急启动的托底政策，但是由于政策释放的惯性，而且也缺乏更好的市场调控政策，在粮食集中上市期间，在缺乏市场主体入市收购的情况下，玉米和大豆的临时收储政策几乎年年启动，稻谷和小麦的最低收购价启动也成为常态。为了进行粮食收储，粮食国储部门不仅要支付大量收购资金，每年还要支付库存成本。此外，政策性金融部门还要承担粮食购销市场风险和贷款主体信用风险等，国家财政背上了较重的负担。

需要澄清的一点是，国内外价差和进口激增虽然有托市政策的原因，但也不能完全归咎于托市政策。国内外价差和进口激增的根本原因在于国内外粮食生产单位成本差距。与世界主要粮食出口国相比，中国粮食的单位生产成本较高。以玉米为例，2016年中国每吨玉米的生产成本已经达到2 218.64元，美国每吨玉米的生产成本仅为957.13元（表6-3）。

表6-3　2016年中美每吨玉米种植成本比较

单位：元

项目	中国	美国
总成本	2 218.64	957.13
其中：		
种子费	117.76	147.35
肥料费	262.45	172.92
农药费	25.96	43.02
固定资产折旧	6.33	154.06
作业费	287.47	29.01
燃料动力费	0.96	28.94
修理费	2.06	39.50
排灌费	36.62	0.21
雇工费用	51.99	5.09
家庭用工折价	901.81	39.83
土地机会成本	495.41	250.06

　　数据来源：中国数据来自《全国农产品成本收益资料汇编2017》，美国数据来自美国农业部经济研究局。

　　如果算细账，种子、肥料、农药等成本虽然有差距，但是并不构成价格差的主要原因。中国玉米生产的机械作业费用较高，主要是由于中国农业机械化的实现方式与美国不同，美国以农场主自有农机作业为主，而中国则多是农户支付作业费用，将机械作业外包，农机操作人员的工资或者报酬是一笔不小的费用。如果算上燃料动力费、修理费以及固定资产折旧，中美机械使用成本的差距也不大。最主要的成本差距来自劳动力成本。中国种植1吨玉米自家用工折价为901.81元，这实际上是自家劳动力的机会成本，加上51.99元的雇工费用，中国玉米种植的劳动力成本是美国的近21.2倍，占到中国每吨玉米生产成本的43.0%；美国种植1吨玉米的劳动力成本仅为44.92元，劳动力成本仅占玉米生产成本的4.7%。其次的成本来自土地。中国玉米种植土地机会成本

（地租加上自家土地折价）高达495.41元/吨，高出美国98.1%。以往，农业
生产者主要依靠自家劳动力和自家土地从事生产，因此劳动力和土地成本主要
是隐性成本。然而，随着新型农业经营体系的构建，越来越多的规模农业经营
主体要雇工和租入土地，隐性成本已经越来越具有显性化的趋势。而且，在开
放的国际市场上，比较成本需要将机会成本也纳入计算。

深入分析原因，部分粮食品种生产成本差异源自生产力的差距。由于技
术差距、资源禀赋差异等因素，中国粮食单产仍然低于主要粮食出口国。2016
年美国玉米单产已经达到11.01吨/公顷，而中国仅为5.97吨/公顷；2016年
巴西大豆单产达到3.35吨/公顷，而中国仅为1.80吨/公顷（表6-4）。而且，
中国单位面积耕地化肥施用量分别是美国和巴西的4.55倍、3.85倍，维持目
前产量的可持续性较低。正是在这种较大的生产力差距下，中国与美国、巴西
等国家形成了较大的粮食价差，也就造成了中国从这些国家大量进口玉米和大
豆等土地密集型农产品的状况。

表6-4 中国与部分粮食进口来源国单产比较

单位：吨/公顷

年份	玉米		大豆	
	中国	美国	中国	巴西
2000	4.60	8.59	1.66	2.83
2005	5.29	9.29	1.70	2.56
2010	5.45	9.58	1.68	3.11
2015	5.89	10.57	1.81	2.92
2016	5.97	11.01	1.80	3.35

数据来源：《中国统计年鉴》；美国农业部。

部分粮食品种生产成本差异源自总体价格水平的不同。根据《农产品成本
收益资料汇编》数据计算，2014年中国稻谷种植亩均成本为1 176.55元，折
合2 873.19美元/公顷。根据国际食物政策研究所的跨国比较研究，2014年柬

埔寨每公顷水稻种植成本约为469美元，老挝约为463美元。以此计算，中国稻谷单位面积成本为这些国家的6倍以上。但是，作为中国大米进口主要来源国，这些国家的稻谷生产力水平并不比中国高。据美国农业部估算，柬埔寨水稻单产约2吨／公顷、老挝约3吨／公顷，即使以此平均，中国稻谷每吨的种植成本也达到柬埔寨的1.80倍和老挝的2.73倍。部分国家大米之所以能够大量出口中国，直接原因仍在于价差优势，而价差主要来自于单位生产成本，但是这一单位生产成本差异根源在于越南、柬埔寨、巴基斯坦等国家总体物价水平大幅低于中国。图6-1展示了按购买力平价计算，1美元商品在中国和其他主要大米进口来源国能够兑换人民币的金额，从一个侧面反映出中国与这些国家的物价水平差异。从图上看，这些国家的物价水平大体相当于中国20世纪90年代初的水平。因此，中国与这些国家大米价差的根源还是在于这些国家总体物价水平较低。

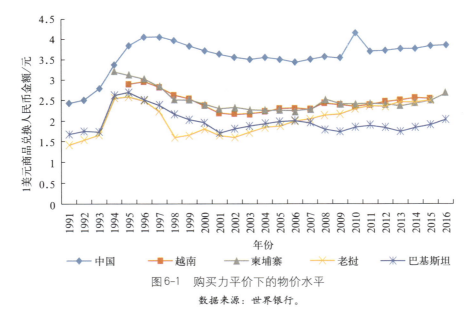

图6-1 购买力平价下的物价水平

数据来源：世界银行。

在这种情况下，中国与日本、韩国等国家不同，并未设置高关税人为隔绝国内外市场（表6-5），于是国内外粮价倒挂导致粮食大量进口。而且，粮食加工企业等市场主体为降低成本而大量使用进口粮食做原料，国产粮食则主要由政策性粮食部门收购，这就造成了"外粮入市，国粮入库"。因此，如果说托市政策造成了国内外粮价倒挂、进口激增，那么其中一个重要原因在于关税水平太低、配额太少，未能有效地实现"防火墙"的功能。而且，随着中国参与区域经济一体化的进程加快，这一"防火墙"功能将越来越弱。2015年，根据中国 - 东盟自由贸易区协定设置的时间表，中国与老挝、越南、柬埔寨和缅甸建成自由贸易区，从上述国家和其他东盟成员国进口碎米的关税降至20%，因此大米进口出现了新一轮增长。可以预计，只要重要粮食出口国不发生重大的自然灾害或突发事件，今后中国从这些国家进口的粮食将会继续增加。

表6-5 中国和日本、韩国的粮食进口关税税率

单位：%

品种	项目	中国	日本	韩国
谷物及其制品	平均	23.7	61.0	161.1
	最高	65.0	783.0	800.0
油籽油料	平均	11.1	7.5	44.1
	最高	30.0	381.0	630.0

数据来源：世界贸易组织。

6.1.3 粮食市场调控政策的绩效

（1）保证了主要粮食市场稳定。客观地评价，在粮食供给形势紧张的阶段，粮食市场调控政策取得了一定的成效。2004年以来，国内粮食价格基本维持了稳中有涨的格局（图6-2）。粮食市场供应也相对充足，国内市场没有出现大的波动。国家政策性储备粮市场投放对稳定国内粮食市场价格具有重要作用。国有粮食部门掌握了大量粮源，有条件实施政策性粮食储备市场投放，有能力防止粮食价格大幅度波动。而且，现有粮食储备系统保障了紧急状况下的区域

性的粮食供应，经受住了地震、泥石流、雨雪灾害等突发性自然灾害的考验。

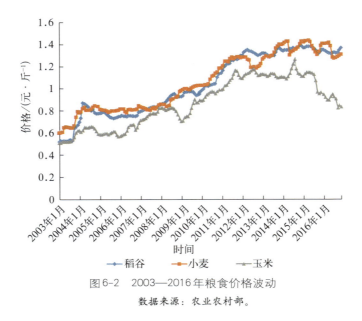

图6-2 2003—2016年粮食价格波动

数据来源：农业农村部。

（2）促进了粮食增产。粮食市场调控政策有效地保障了农民务农种粮和地方重农抓粮的积极性。自2004年以来，中国粮食连年增产，2007年全国粮食总产量突破5亿吨，2011年全国粮食总产量突破5.5亿吨，2013年之后全国粮食总产量稳定在6亿吨左右，2015年全国粮食总产量更是创下了6.21435亿吨的历史新高，实现了我国粮食生产历史上的"十二连增"。2017年全国粮食总产量为6.179亿吨，比2016年增加0.0166亿吨，为历史上第二高产年。稻谷和小麦粮食产量保持稳定，基本守住了"口粮绝对安全"的粮食安全底线。

（3）带动了农民收入增长。最低收购价政策通过托市和释放信号两种方式提振了粮食价格，从而带动了农民收入增长。根据国家粮食局统计，"十二五"期间，国有粮食部门累计托市收购粮食4.23亿吨、油菜籽1 573万吨，通过价格托底、优质优价、整晒提等、产后减损等措施，带动农民增收2 510亿元。

　　粮食托市政策对增加农民收入的作用不仅来自托市收购直接支付的资金，还来自粮食价格上涨给农民带来的收益。有的年份某些品种、部分地区的最低收购价执行预案尽管不启动，但是由于国家粮食部门随时准备在市场价格低于最低收购价时入市收购，从而对市场价格也产生了一定的信号作用，实现了对价格的支持。因为托市政策对市场价格形成了一定程度的干预，因此，笔者选择粮食最初上市、最低收购价未启动的一段时间内的价格为市场价格，之后以托市价格启动后农民卖粮的价格作为带托市支持效果的价格，二者相减为粮食托市造成的效果，再以每种粮食的销售进度计算出托市期间农民粮食销售收入。根据表6-6可以看到，粮食托市政策增收效果较为明显，在经济下行压力较大的年份，如2009年，甚至成为农民增收的主要来源之一。需要特别说明的是，2010/2011年度的玉米临时收储政策一直未能出台，最终以中央储备粮轮换的形式在2011年初开始执行，这一年玉米价格总体在轮换价格之上运行。

表6-6　2006—2015年粮食托市增收效果

年份	稻谷/ (元·斤⁻¹)	小麦/ (元·斤⁻¹)	玉米/ (元·斤⁻¹)	大豆/ (元·斤⁻¹)	总计/ (元·斤⁻¹)	人均增收 /元	占增收的 比重/%
2006	113.33	99.20	未实施	未实施	212.53	29.05	8.8
2007	85.06	104.57	未实施	未实施	189.63	26.52	4.8
2008	81.90	209.49	51.92	39.05	382.36	54.31	8.8
2009	206.71	232.22	29.53	4.83	473.29	68.65	17.5
2010	172.29	256.37	未实施	21.18	449.84	67.03	8.8
2011	191.87	353.40	91.52	0.47	637.27	97.06	9.2
2012	153.05	410.72	26.93	2.74	593.44	92.40	9.8
2013	44.70	315.16	118.98	10.10	488.94	77.66	7.9
2014	49.82	374.70	112.08	未实施	536.60	86.74	8.7
2015	240.76	53.45	232.84	未实施	527.05	87.34	9.9

6.1.4 粮食等重要农产品价格形成机制的优化

党的十八大以来，党中央、国务院针对粮食价格单向上调、国内外价格日益倒挂、资源错配越来越严重的情况，大力推动农产品收储制度和价格形成机制改革。尽管根据不同粮食品种在粮食安全保障体系中的地位，探索的进程有快有慢，但是无论价格形成机制的顶层设计，还是市场调控政策的分层对接，都坚持了市场化的方向。这呼应了十八届三中全会对整个经济体制改革的定调，即"市场在资源配置中起决定性作用"。

国家一度将农产品目标价格制度作为改革的主要手段，2014年中央1号文件就提出了"逐步建立农产品目标价格制度"，为此2014年国家取消了大豆临时收储政策，在黑龙江、吉林、辽宁和内蒙古启动了大豆目标价格补贴试点。与此同时，关于玉米目标价格的讨论也成为一时热点，部分市场研究机构甚至预测，稻谷和小麦也会纳入目标价格政策的实施范围。但是，从大豆目标价格政策的试点情况看，存在补贴落实不够及时、补贴标准难以确定、补贴面积不易认定、补贴操作成本较高等问题，关于目标价格政策的争议也越来越大。

综合考虑目标价格试点的情况和对农民收入的冲击，国家也就暂缓了其他品种粮食价补分离政策的实施。2015年，国家下调了东北玉米临时收储价格，缩短了政策执行的时间，并对收储玉米的质量从严控制。2016年初，国家正式宣布取消玉米临时收储政策，建立"生产者补贴+市场化收购"的新机制，这就意味着国家对玉米不会实施目标价格补贴。在玉米托市政策调整的同时，国家下调了早稻最低收购价，向市场释放了最低收购价调整的信号。2017年中央1号文件中，明确了坚持并完善稻谷和小麦的最低收购价政策，但是对大豆的目标价格政策只提了"调整"，而没有像棉花目标价格政策那样同时提到"完善"。2017年初，国家全面小幅下调三种稻谷的收购价格，释放出进一步改革的信号。关于大豆目标价格的调整，财政部、国家发展改革委、农业部联合发布了《关于调整完善玉米和大豆补贴政策的通知》，取消大豆目标价格政策，在黑龙江、吉林、辽宁和内蒙古探索市场化收购结合生产者补贴的新机制。2017年年中，这四个省份的地方政府分别发布了玉米和大豆生产者补贴政策实施方案。

从市场化改革的情况看，这些改革举措的政策绩效好于预期，促使粮食市场调控方式转型升级，进一步优化了农业资源配置，明显提升了农产品的国际竞争力。以玉米为例，取消托市政策之后，玉米价格向市场价格回归，根据图6-3，2016年底开始，国内外玉米价格倒挂的形势有所改善，国内玉米到港价基本与国外玉米到港完税价一致。农业结构优化调整也好于预期。2016年玉米播种面积同比调减2 039万亩，高于计划调减1 000万亩的目标。

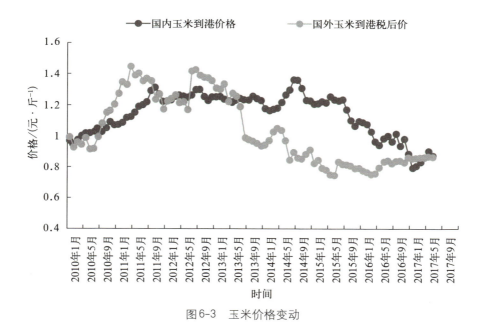

图6-3　玉米价格变动

粮食市场调控改革涉及多元利益主体，农民收入会不同程度地受到不利影响，取消托市政策、实施生产者补贴对水稻和小麦两种口粮的适用性还有待深入分析，统筹协调各品种的收储制度与补贴激励方式仍存在多方面的困难。例如，自我国市场调控政策改革以来，因粮食价格下跌，农民卖粮收入有所减少。根据全国农村固定观察点调查体系对约2万个农户的连续观察，自2015年下半年以来，农民人均卖粮收入连续减少，到2017年上半年，农民人均卖粮收入已经减少到312.4元，比2015年上半年减少21.2%（图6-4）。再如，由于缺乏政策协调性，忽视了主要作物比价关系，导致稻谷成为东北地区收益最高的作物，而且大豆的比较收益仍然低于玉米。根据全国农村固定观察点调查体系对东北三省和内蒙古这4个省份的50个村屯3 254个农户的调查，2016年稻谷亩均利润（不包括自家用工折价）为1 224.34元，玉米和大豆即使加上补贴仍然只相当于稻谷的45.1%和39.8%，而玉米收益加上生产者补贴后，仍然比大豆高13.2%。这变相鼓励了部分地区"旱改水"，导致井灌稻种植面积扩大。根据地方农业部门预计，"旱改水"的面积可能会高达400万亩。这对粮食主产区的生态环境造成了潜在威胁。

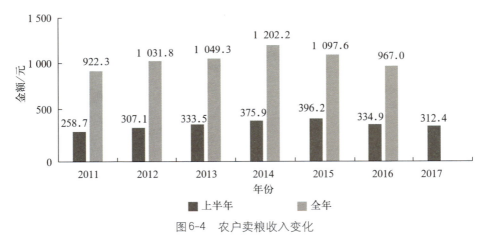

图6-4 农户卖粮收入变化

党的十九大重申"使市场在资源配置中起决定性作用"，并且再度强调了"国家粮食安全"的重要性。可以预见，粮食市场调控政策的改革仍然会坚持市场化的方向。随着农业供给侧结构性改革的深入推进，粮食的价格形成机制进一步改革，将主要提高粮食供给侧的质量，会向粮食的中高端消费领域倾斜。

6.2　探索建立农业农村发展用地保障机制

　　2017年的中央1号文件指出推动农村供给侧结构性改革，培育农业农村发展新动能，"要探索建立农业农村发展用地保障机制"。农业农村发展用地保障机制对于保护农民合法土地权益、促进农民增收、推动农业化进程、实现乡村振兴战略具有重要意义。

6.2.1　健全严格的耕地保护制度

　　第三次全国农业普查数据显示，截至2016年末，全国耕地总面积为13 492.1万公顷，人均耕地面积约为1.36亩，仅相当于世界平均水平的2/5。近年来，随着城镇化进程的快速推进，耕地数量逐年减少。此外，农业自然灾害频发，生态退耕等现象越来越严重，我国耕地保护制度任务依然十分艰巨。在耕地资源越来越紧缺的同时，现阶段耕地质量也越来越差，国土资源部土地利用管理司调查数据显示，中国耕地质量等别为9.96等，低于平均等别的耕地占全国耕地评定面积的60.11%，耕地质量等级总体偏低，优质农用耕地面积有限。

　　《全国土地利用总体规划纲要（2006—2020年）》明确要求，到2020年全国耕地保有量要稳定在18.05亿亩，基本农田面积要确保15.6亿亩。要保证全国耕地面积的稳定性，需要建立严格的耕地保护制度。一方面，要针对基本农田建立耕地保护补偿机制，通过利益补偿的方式保护耕地。首先，要做好顶层设计，确立耕地保护机制的地位，理清耕地保护机制的资金来源、补偿路径、补偿主体；其次，要尽快建立全面的农田保护基金制度，确保农户享有永久经济补偿和永久保障的权利和义务。另一方面，坚持耕地"占补平衡"协同发展的基本原则，不仅要保证耕地数量，还要保证耕地质量。在验收耕地数量考核指标的同时，要尽快建立补充耕地质量的验收考核标准，实现耕地质量和耕地数量的双平衡。

此外，还要形成耕地保护的管理合力。现阶段，我国基本农田保护机制分为两层，第一层是地方政府负责，第二层是农业部门与国土部门负责。但是在实际过程中，农业部门和国土部门则很少涉及管理。在加强地方政府权责的同时，还应明确各部门的职能分工，做好统筹规划，形成以农业部门为主体，水利、林业等部门共同参与开发的多层次农田保护管理体系，在各部门间形成管理合力。

6.2.2 推进土地征收制度改革

农村土地制度改革关乎城镇化、农业现代化进程。党的十八届三中全会对农村土地征收制度改革做出了重大部署，会议强调"缩小征地范围，规范征地程序，完善对被征地农民合理、规范、多元保障机制"。征地制度改革是我国城镇化过程中不可回避的重要问题，对于完善我国农村土地管理制度具有重要意义。

（1）维护公共利益，缩小征地范围。确保公共利益不受损害是土地征用的基础。由于现行法律条文并没有明确划定公共利益的范围，在征地的实际过程中，公益性用地和经营性用地均执行征地权的现象较为普遍，这也正是征地范围难以缩小的症结所在。根据国外的征地经验来看，一个高效的政策需要明确较为完整的公共利益范围，政府等职能部门只能在公共利益范围之内进行土地征用，不能损害集体的公共利益。如果被征收的土地是集体土地，那么土地征收者需要提前获得土地的使用权，并在国家土地规划的范围内将农地转为非农用地。

（2）建立公开公正的征地机制。现行法律规定，征用土地按照法定程序完成审批后，地方政府应在广泛听取农村集体经济组织和村民的意见基础上，及时确定土地安置补偿方案并第一时间组织实施。然而，在征地的实际过程中，不重视民众反馈意见、农民和集体经济组织话语权不足等现象较为普遍。因此，建立公开公正的征地机制，首先是完善相关法律法规，尊重农民在征地过程中的话语权，承认农村集体经济组织的法律地位；其次是要加大执法力度，对征地手续有问题的，审批手续暂缓执行，坚持零差错、零容忍的征地原则；最后是要加强人民代表大会和人民群众的舆论监督。

（3）完善征地补偿机制，保障农民合法权益。征地补偿是土地征收的核心所在，被征地农民失去土地后相当于失去了赖以生存的基本生活资料，此时失地农民需要的不仅是货币上的补偿，还需要妥善安置其以后的就业、住房等基本保障。完善征地补偿机制，保障农民合法权益，应明确土地兼具生产资料、社会保障以及增收途径等多重属性，在参考土地市场价格后，合理确定补偿标准。在充分考虑土地集体产权特点的基础上，研究制定集体土地房屋拆迁补偿细则，明确农房拆迁的管理、程序、补偿标准和法律责任，为农村房屋拆迁提供法律保障，保护农民合法的财产权益。

6.2.3 完善农村宅基地的流转与抵押机制

宅基地属于农村集体建设用地范畴，按照相关法律规定，农村宅基地可以无偿、无限期使用，但必须严格遵循"一宅一户"原则，一个家庭只能申请一处符合规定面积的标准宅基地，而且农民宅基地不得抵押，禁止向村集体组织以外的经济主体流转、买卖。然而，近些年农户宅基地面积超标、一户多宅、违规违建、房屋闲置、私下交易等问题较为常见。因此目前亟须完善农村宅基地的流转与抵押机制，切实保障农民的核心权益。

在坚持宅基地集体所有制性质的前提下，应积极稳妥地推进宅基地抵押、流转试验。一是要严格管理，依法保障农户宅基地的用益物权，禁止以"村改居"等名义将农村宅基地擅自转为国有。如果确实需要转为国有，必须征得集体经济组织成员的同意，依法履行征收程序，确保农民的土地权益不受侵害。完善农村宅基地的物权权能，尽快制定和完善农村宅基地管理、流转及集体土地上农民住宅拆迁补偿办法等法规，明确农村宅基地的标准和内涵，规范农村集体建设用地的程序，妥善处理宅基地的收益分配问题，切实保护农村宅基地的用益物权。二是要完善宅基地制度，合理利用农村住宅用地，明确农村宅基地、村庄整理所节约的土地首先要用于复垦以增加新的耕地，调剂为建设用地的必须符合土地利用规划、纳入年度建设用地计划并优先满足集体使用。要抓紧制定完善乡镇土地利用总体规划和村庄建设规划。农村宅基地占用农用地应纳入年度计划，并加强农村宅基地新地计划监管。

6.2.4 改革农村集体建设用地制度

我国农村集体建设用地可分为宅基地、经营性建设用地和公益性公共设施用地三大类。党的十八届三中全会指出，要"建立城乡统一的建设用地市场。在符合规划和用途管制前提下，允许农村集体经营性建设用地出让、租赁、入股，实行与国有土地同等入市、同权同价"。十八届三中全会的这一规定，对于实现农村集体建设用地享有与国有土地平等的权利，实现集体建设用地的资本化和市场化具有重大意义。

改革农村集体建设用地制度，要在充分实践的基础上改革相关法律法规：一是要完善相关法律法规，尽快修改《中华人民共和国土地管理法》中关于农民集体所有的土地出租、转让的条款，总结近年来各地农村集体建设用地的试点经验，探索农村集体用地入市的法律法规，引导农村集体产权建设用地的合法流转，促成统一的城乡建设用地市场。二是要加快农村集体产权建设用地确权、登记和颁证的速度，尽早建立明确的农村集体土地产权制度，依法建立权威的土地登记系统，规范证书发放流程。三是要建立统一的城乡建设用地流转市场，实现农村集体土地和国有土地的"同价、同权"。对依法取得的农村集体经营性建设用地，应在土地市场上采取公开"招、拍、挂"的方式进行出让，并在第一时间公开取得农村集体建设用地的信息。在土地入股和抵押方面，农村集体经营性建设用地要与国有土地享有平等权益。适时推动发展土地的评估、交易服务，妥善处理争议土地，完善土地出让监督机制，秉承土地收益向农民倾斜的原则，规范集体建设用地流转的收益分配。

6.3　深化农村集体产权制度改革

农村集体产权制度改革，是涉及农村基本经营制度和中国基本经济制度的一件大事，也是全面深化农村改革的重大任务。改革开放以来，我国农村实行以家庭承包经营为基础、统分结合的双层经营体制，极大解放和发展了农村社会生产力。习近平总书记曾多次强调，农村集体产权制度改革是对农村生产关系的进一步调整和完善，对于壮大农村集体经济、盘活农村集体资产、增加农民财产性收入、构建集体经济治理体系、增强集体经济发展活力、引领农民逐步实现共同富裕具有深远的历史意义。

6.3.1　农村集体产权制度概述

6.3.1.1　农村集体产权的内涵

农村集体产权是具有中国特色的一种产权形式，是建立在以农村社区为边界的成员权界定的基础上，农村集体成员对集体资产享有权利的集合。农村集体产权具有不完整性、共有性、排他性等特点，但其共有性限定在集体经济组织内部，对集体经济组织以外的成员具有排他性。

我国农村集体产权是一种不完整的共有产权，其中土地承包经营权流转中的转包、出租、抵押、担保等是在用益物权上设置的债权关系。具体而言，我国农村集体产权的内涵应该包含以下6个方面：

①农村集体产权存在于一个特定的范围内，一般是以农村社区为界；②农村集体产权的主体是由集体成员联合起来组成的集体决策组织，客体是集体边界内的各种共有财产权利，以及集体资源配置中形成的人与人、人与物的关系；③我国农村集体产权是一个权利束，其包含的权利关系随着经济社会环境的变迁而变化；④我国农村集体产权的构建与维系需要一定的制度支撑，这既包括国家强制的正式制度，也包括非正式的社会规则；⑤农村集体产权对集体

组织外的主体有着显著的排他性，在内部的社会合约的制约下，集体成员间的权利关系也具有一定的排他性；⑥农村集体所有权是集体产权的基础与核心构成，而集体所有权的不可分割性决定了集体成员退出权受到限制。

6.3.1.2 农村集体产权制度改革的内涵　　农村集体产权制度改革是对农村集体经济组织所拥有的各类资源、资产和资金，按照股份合作制的原则，将集体资产折股量化到个人并由成员集体共有的产权制度转变为按份共有、按份享受集体资产收益的制度改革。实行农村集体产权制度改革是巩固社会主义公有制、完善农村基本经营制度的必然要求，是维护农民合法权益、增加农民财产性收入的重大举措。农村集体产权制度改革既要坚持集体所有制这一根本制度，保护农民的切身利益，又要激发市场活力，使市场在资源配置中起决定性作用，满足农民发展利益的现实需要。

6.3.2 中国农村集体产权制度的构建与变迁

6.3.2.1 集体所有制阶段（1955—1977年）　　我国农村集体所有制发端于1955年全国人大通过的《农业生产合作社示范章程》，该章程提出，农业生产合作社"统一地使用社员的土地、耕畜、农具等主要生产资料，并且逐步把这些生产资料公有化"。1956年全国人大通过的《高级农业生产合作社示范章程》提出把社员私有的主要生产资料转为合作社集体所有，农村集体所有制的序幕由此拉开。此后农业合作化加速，农村集体所有制初步形成。随着农村形势的发展变化，基本核算单位几经调整，农村集体经济的主体经历了人民公社、生产大队、生产队的演变。1960年中共中央《关于农村人民公社当前政策问题的紧急指示信》强调"以生产队为基础的三级所有制，是现阶段人民公社的根本制度"，"三级所有，队为基础"的集体所有制由此确立。直至1978年我国农村改革前，我国农村一直实行"三级所有，队为基础"的集体所有制度。

6.3.2.2 农村集体产权的两权分离（1978—1991年）　　1978年安徽省凤阳县小岗村开始实行"包产到户"和"包干到户"，开创了家庭联产承包责任制的先河。随着1978年中国共产党十一届三中全会的召开，农村集体产权制度改革开启历史新时期。在改革之初，小岗村"双包到户"的做法在全国一些地方还存在争议，但很多地方陆续开始试行各种形式的包产到组、到户的实践。1980年中共中央《关于进一步加强和完善农业生产责任制的几个问题》对包产到户问题作了初步肯定的结论。1982年中央1号文件明确肯定了包产到户和包干到户的做法，我国农村开始实施家庭联产承包责任制。这次集体产权改革实质就是从土地集体所有权中分离出承包经营权的"两权分离"，重新确立了农户在农业生产中的主体地位，从而解放和发展了农村生产力。随着我国相关政策法律的完善和土地承包期的延长，在一定时期内农村集体产权制度趋于相对稳定。

6.3.2.3 农村集体产权制度改革的地方先行实践阶段（1992—2012年）　　随着工业化、城镇化进程的推进，原有农村集体所有制所依托的经济社会基础都产生了很大变化，农村集体产权归属不清、权责不明、保护不严、流转不畅等问题逐渐凸显，一些经济发达地区带头开始了农村集体产权制度改革的实践探索，而中西部经济欠发达的部分地区改革进展缓慢。实践始于1992年广东省南海市（今佛山市南海区）的集体资产股份合作制尝试，"南海模式"以行政村或村民小组为单位，利用集体资产建立股份合作组织，由其直接出租土地或修建厂房再出租，集体成员按照股权分享农地非农化带来的增值收益。浙江省温州市农村集体产权制度改革的重点包括集体产权界定、成员资格认定、收益分配、组织机构等。广东省深圳市、江苏省苏州市的农村集体产权制度改革重点围绕股份经济合作组织的法律身份和市场主体地位展开。上海市在推进农村集体产权制度改革过程中，探索形成有限责任公司、社区股份合作社和社区经济合作社3种模式。各地在不改变集体所有制性质的前提下，积极探索完善农村集体所有制的有效方式，对进一步倒逼农村集体产权制度改革具有重要作用。2008年农村集体产权制度改革进入全面推广阶段，改革政策逐渐由土地产权拓展到其他类型的资产产权，集体经营性建设用地入市和征地制度改革试点区域进一步扩大。在此阶段，我国土地承包期再延长30年不变，逐步建立起土地承包经营权流转机制，政策上也开始强调确权颁证，这一时期先后出台或修订的《中华人民共和国农村土地承包法》（2002年）、《中华人民共和国农村土地承包经营权证管理办法》（2003年）、《中华人民共和国宪法》（2004年）、《中华人民共和国土地管理法》（2004年）、《农村土地承包经营权流转管理办法》（2005年）、《中华人民共和国物权法》（2007年）等法律法规对土地承包、土地流转、确权颁证、农村集体经济的产权及相关权益等进行了规定。

6.3.2.4 农村集体产权制度深化改革阶段（2013年至今）　　2013年以来农村集体产权制度改革速度明显加快，党和国家密集出台了多项农村集体产权制度改革政策。2013年党的十八届三中全会通过的《中共中央关于全面深化改革若干重大问题的决定》提出，"赋予农民对集体资产股份占有、收益、有偿退出及抵押、担保、继承权""允许农民以承包经营权入股发展农业产业化经营"。2014年，中共中央办公厅、国务院办公厅出台《关于引导农村土地经营权有序流转发展农业适度规模经营的意见》，提出用5年左右时间基本完成土地承包经营权确权登记颁证工作。2014年底国务院办公厅发布了《关于引导农村产权流转交易市场健康发展的意见》。2015年农业部等6个部门出台了《关于认真做好农村土地承包经营权确权登记颁证工作的意见》。2015—2017年中央1号文件均重点关注农村集体产权制度改革，提出了改革的方向和重点。2015年农业部等部门在全国多个地区开展农村集体资产股份改革试点，并从2017年起在全国扩大试点范围。2016年4月，习近平总书记在小岗村调研时指出，要着力推进农村集体资产确权到户和股份合作制改革。

6.3.3 我国农村集体产权制度改革试点的实践

根据国家农业部门的统计，截至2016年底，全国农村集体资产总额是3.1万亿元（不包括土地等资源性资产）。在统计的55.9万个村中，年度经营收益5万元以上的村达到14万个，占总数的25%。集体没有经营收益或者经营收益在5万元以下的村有41.8万个，占总数的74.9%。东部地区村均集体资产总额1 027.6万元，中部地区村均271.4万元，西部地区村均175万元。通过将近3年的实践，部分农村集体产权制度改革试点县（市、区）的有益经验已经初步形成。

6.3.3.1 股权设置和股份量化

在股权设置上，紧密结合村情，简繁交织，村村有别。股权设置就种类而言有两类，即集体股和成员股。集体股的设置由集体经济组织自主确定；成员股的设置，试点村都设有人口股，且占大头，成员股在村与村之间存在很大差别，主要体现在成员个体劳动、资金等要素贡献差别的区分方面，因此存在所谓劳龄股、贡献股、募集股、承包地股等不同设置。

在资产的股份量化上，从层级到内容应包尽包，核算方法可简可繁。从资产类型上来看，主要涉及资金量化、资源性资产量化和经营性资产。从资产归属层级上看，南方省份主要涉及村小组和行政村两级；北方省份则主要在行政村一级，有的还涉及镇级集体资产的量化。在股份配置数额的计算方法上，有的村因集体经济组织成员同质性较高，则选取简单算法，如云南省大理市下关镇荷花村以分有承包地为重要的股份分配依据，认定1983年包产到户分得土地的人员按1人1股配股；1983年后出生、迁入的人员，没有土地的人不分配股份。河北省承德市双滦区滦河镇东园子村对以资金为主的经营性资产进行量化，按1人1股的方式配股，每股500元。有的村因集体经济组织成员异质性较高，不同的成员享有不同的股种和股份份额，每个股种所占的系数也不一样。如双滦区双塔山镇下店子村，设置了基本股、奖励股、老龄股和募集股。奖励股主要由担任村干部的人和独生子女享受。担任村干部1~2届的可追加享受基本股的20%，担任超过2届的村干部和独生子女可追加享受基本股的30%。老龄股，70周岁（含）以上的老人才能享有，追加享受基本股的20%。募集股，每人1股，每股200元，全村募集不超过1 000股，即不超过20万元，期限5天，如到期未集满则其他人可追加，但每人不超过5股。山西省潞城市翟店镇小天贡村将个人股先分为人口股和农龄股两大类，人口股占70%，农龄股占30%。再将人口股细分为原始股和基本股，其中原始股为本集体经济组织原始成员及其衍生人员所享有，占总股本的20%；基本股为有承包地的在册成员所享有，占总股本的50%。将农龄股细分为村龄股和劳龄股，其中村龄股即在本集体经济组织的年限股，占总股本的10%；劳龄股即在本集体经济组织成为劳动力的年限股，劳龄计算时间一致，均为16~60周岁，占总股本的20%。股东量化的对象和方式不尽相同，大多数是"量化到人，颁证到户"，有的则是"量化到户，户内共享"，此类形式以广东省佛山市南海区最为典型。

6.3.3.2 股权管理因地制宜　　在改革试点中，各地探索出不同的股权管理模式，主要有静态管理、动态管理和动静结合管理。虽然政策层面始终鼓励集体组织采取股权静态管理模式，但改革后股份经济合作组织采取哪一种股权管理模式，并不唯政策左右，而是由集体组织自主决定。

一般来说，撤村建居或计划撤村建居的村主要选择静态管理模式，多数的农业村选择动态管理或动静结合的管理模式。前者如北京市大兴区采取了静态管理模式，广东省佛山市也采取了静态管理模式。后者如河北省承德市双滦区采取了"每五年一调整"的动静结合管理模式。此外，云南省大理市大关邑村的动静结合管理模式与一般按年限动静结合管理模式有很大的不同，更富有细节上的特色。例如，大关邑村一组的个人股分为贡献股和成员股。贡献股主要是根据拥有土地的量进行设置。1983年参加家庭联产承包责任制至今在册人员，按人均承包面积0.6亩设贡献股4股、成员股2股；参加1990年小调整、实际参与调得承包田至今在册人员，按实际已调田面积每调增0.1亩设贡献股2股、成员股2股；1993年前出生的无田人员，设成员股2股；1993年后新出生及婚迁迁入人员，设成员股1股。股权确定后，针对成员享有的不同股种按不同情况进行动态或静态管理。具体而言，个人股中的成员股实行动态管理，死亡或迁出后调减成员股股份，已界定为经济组织成员的迁入或新生儿按规定配置成员股股份。个人股中的贡献股实行静态管理，当集体经济组织成员出现死亡或迁出时，贡献股可以由家庭继承，但不得转让、退股和提现。动态或动静结合的股权管理模式具有根据情况变化而进行利益微调整的灵活性，受到多数农村社区集体组织的青睐。

6.3.3.3　政社分离　　村党支部、村委会与集体经济组织是我国农村基层治理的三大组织资源，也称"三驾马车"。处理好集体经济组织与村"两委"的关系是集体产权制度的重要内容。目前，政策层面主张能分则分，没有条件完全在组织机构上分离的，也可职能先行分开，人员、办公场所等方面交叉。与此相应，实践中实行人员交叉任职、职能分开的"半政社分离"模式占绝大多数，如江苏省苏州市吴中区和云南省大理市天井办事处下辖的6个村。

改革试点之所以并没有统一规定实行"政社分离"的要求，主要原因在于"政社分离"受内外部诸多因素或条件影响，包括村干部及群众对该项改革的认知、集体经济发展实力以及政府提供农村公共服务的能力等，因此，是否实行"政社分离"更多的是一种水到渠成的结果，而不是改革的"一刀切"推动。

6.3.4 我国农村集体产权制度改革的难点

　　虽然我国农村集体产权制度改革取得了一定的成绩，但受现行法律法规等制度性约束，在各地农村集体产权制度改革的实践过程中，依然存在很多关键性问题亟待解决。对于这些问题，需要深入探讨，逐步统一认识，推动出台相关政策法规。

　　6.3.4.1 农村"集体"的产权主体地位模糊　　农村"集体"一般指农村集体经济组织，是农村集体资产财产权利的所有权者，也是集体成员财产权益的维护者，更是壮大农村集体经济的带动者。从产权经济学的角度看，农村集体资产所有权主体虚置主要表现在两个层面：一是产权确权方面，农村集体财产所有权的权益并未真正实现。目前，大部分集体财产由村民组织名义上处置，经济职能却没有真正发挥，农村集体资产所有权存在弱化甚至虚化的现象，村集体成员的财产权利并未得到真正保障。二是产权强度方面，集体财产权利存在转移障碍。产权强度由实施可能性与实施成本来衡量，并因实施环境和行为主体的不同而存在差异，在一定程度上也反映了产权权能实现的难易程度。农村集体资产财产权利的处置、交易、转让在不同的经济、社会环境和产权主体的行为能力约束下，其强度表现出不确定性，致使农村集体产权权能释放受阻。

6.3.4.2 农村"集体"的产权实施能力不足　集体经济是我国特有的制度形态，"集体"是我国农村经济中的特殊权利主体，也是一种特殊的组织形式。农村集体经济组织作为农村集体资产的所有权者[①]，既要统筹管理集体资产，通过集体资产产权的处置、交易、转让使集体资产的财产权利得以实现，也要创造集体经济收益，同时实现集体成员获得收益分配的权利。然而，从全国集体经济收益分布看，集体资产仍处于沉睡状态。集体产权实施能力不强主要表现在三方面：

一是"集体"缺位。"集体"对经济的引领作用和对集体成员的带动作用在我国农村经济发展中是不可替代的，将集体成员的权益紧密联结在一起的不仅是集体资产，还有集体经济组织。但调研发现，大部分集体经济组织并未独立设置，而是与村"两委"重合，并未增加集体资产管理或集体经济发展的相关部门，除行政事务和社会组织职能外，集体经济组织的经济职能基本被忽视。

二是缺乏法人地位。集体经济组织不同于专业合作社、公司等主体，是具有合作性和社区性特征的特殊组织，因此，在集体经济组织法律身份认定中，其处于模糊状态，以致于无法发挥集体资产所有权者的功能和作用。

三是缺乏内生动力。作为微观经济组织，集体经济组织的成长和发展需要有一定的经济激励，并非完全来自于行政塑造。农村集体资产闲置成为集体经济的常态，集体经济组织缺乏成长的内生动力，因此长期处于固化状态，导致资产处置能力、资源整合能力、市场参与意识都明显不足。

6.3.4.3 农村集体产权实施环境参差不齐　截至2016年底，我国农村

---

① 张红宇.中国现代化农业经营体系的制度特征与发展取向［J］.中国农村经济，2018（1）：23-33.

集体账面资产价值3.1万亿元，其中80%的集体资产来自于沿海地区的村庄，而在我国所有村庄中，无集体经济收入或仅有较低的集体经济收入的村庄仍占据一定比重。农村集体产权权能实现的不均衡状态表明，集体经济的发展在较大程度上依赖于农村集体所处的经济社会环境。发达地区高速的人口城镇化和土地城镇化进程，使城乡要素市场更为活跃，拓宽了农村集体资产增值的空间，形成了较为有效的集体资产实现形式。而这对于欠发达地区，则不具备可复制性。可见，产权实施的经济社会环境相对较好的地区，兼具改革的内部和外部条件，具备先发优势，集体经济收益更佳。欠发达地区经济基础和人力资本基础都相对薄弱，制约了改革的推进。而在区域内部，集体产权的实现既取决于当地经济发展水平，又取决于区位条件，也就是说，距离城区近的村集体，更易获得城乡要素平等交换的机会，区位优势可以撬动农村集体经济，使得集体产权的有效实现形式多样化。

6.3.4.4 集体经济组织深化改革细则需要从法律层面认定　　目前农村集体产权制度改革中有关清产核资报告、成员界定结果、股权设置与管理模式等制度安排及确认程序，均参照《中华人民共和国村民委员会组织法》的有关规定，缺少专门的法律予以认可，特别是有关新型集体经济组织——股份经济合作社的具体职能、权利与义务以及与法人地位紧密相关的登记和税费政策等细则问题，更是无法可依，因此亟须国家层面出台具体针对新型农村集体经济组织载体主体地位的法律规定，予以明确和规范。

6.3.5　我国农村集体产权的未来发展展望

农民"集体"的主体地位模糊，产权实施能力不足，产权实施制度环境、社会环境和经济环境参差不齐，制约了农村集体产权实现形式的有效创新。随着农村集体产权制度改革的深化，产权实施环境逐渐开放和宽松，多种组织形式的农民"集体"开始涌现，地方实践经验的阶段性成功和积累，形成了有利于改革深化的内在逻辑。基于此，笔者认为我国农村集体产权制度深化改革的主要方向在于：在法律和制度层面赋予"集体"特殊法人身份，强化农村资产所有权权能，培育、扶植能够提升集体经济效益、能够代表集体成员权益、能够维护集体合法利益的农民"集体"，加快法律赋权和登记造册等相关工作；从制度规范、产业发展、社会认同等方面改善农村产权实施环境，在改革深化过程中，适度放宽地方性制度和政策，重点把握特色产业发展机遇，加快农村集体产权改革进程；根据资源特征、产权结构和产权实施要求，引导有利于农村集体产权有效实现形式创新的多元主体有序介入，鼓励社会资本与集体经济的合作，创新联结合作形式，规范农村经营主体的行为，推进农村集体产权保护和集体权益维护等相关机制的建设。

农村集体产权制度改革取得的阶段性成果，取决于农村集体资源的自然优势、农村集体经济组织的制度创新和集体资源、自然资源的优势整合。我国农村集体产权未来的发展，应在前期发展的基础上，完善农村集体产权制度的监管、风险防范和产权制度保障机制，以此规避改革创新中可能出现的风险，巩固改革成果。

6.3.5.1 产权制度安排差别化　　不同地区的自然资源禀赋、经济发展水平、文化传统都存在着不同程度的差异，如何利用不同地区的不同资源，构建特色产业、专属发展模式、发展路径是我国农村集体产权制度改革的关键所在。区域发展的相对平衡，取决于地方制度供给与改革要素二者之间的匹配程度。自然资源和地理区位处于劣势的地区，缺乏产权制度改革的内生动力，此时政府应该给予一定的政策奖励，营造宽松的改革环境；要素市场和地理区位具有明显优势的地区，应将更多的改革发展空间留给市场，通过市场自发的调节效应，引导农村集体产权进行有效改革，政府则辅以监管和政策支持。

6.3.5.2 保障机制构建配套化　　试点改革实践证明，集体产权制度改革具有普适性，不仅发达地区的农村集体经济组织迫切需要，而且纯粹的农业村庄也需要且能够进行集体资产股份权能改革。鉴于纯农业村庄经济实力较弱，建议其开展改革的工作经费由各级政府部门给予解决。此外，在现有中央财政试点支持发展壮大集体经济组织的基础上，建议继续扩大支持范围，特别是应重点支持已完成改革的经济薄弱试点村；同时，鼓励地方政府从土地、财政、税费、金融、人才等方面对集体经济组织予以扶持激励，形成财政带动、多元投入、多方共同扶持农村集体经济发展的长效机制，在不断增强农村发展内生动力的同时，让村民享有更多的获得感和一定的满足感，使集体经济的发展与实施乡村振兴战略融为一体。

6.3.5.3 推进政经分离，健全监管机制 在政经分离的过渡阶段，一方面要积极理顺村社关系，健全集体经济组织管理制度。即理顺集体经济组织与村"两委"的关系，在不得不交叉任职的现实情况下，建议更多吸纳村民代表、专业人员担任理事会成员，避免因村"两委"干部在集体经济组织中交叉任职而可能产生的决策偏差，确保村级自治职能和经济职能分离。另一方面要理顺内部关系，引导村集体经济组织完善经营管理制度，探索集体经济组织有效监督机制，加强完善监事会选举制度，严格遵循选举规则，保障监事会能够独立行使其审计、监督职能。此外，从城乡统一的公共财政体制上持续为政社分离创造条件。

6.3.5.4 多措并举选择多元化 我国农村集体产权制度深化改革要因地制宜，构建多元化的改革路径。进入改革深化阶段，需要认真分析改革背景，完整归纳改革要素，及时总结改革经验，为其他地区的深化改革找到动力和出口。实践经验表明，改革基础、现实背景、改革要素、参与主体不同，形成了多元化的农村集体产权制度改革路径，不可一概而论。在全面深化改革阶段，各地区需要结合自身特点，培育多种形式的农民"集体"，提高产权实施能力，识别可持续的改革动力，创新改革路径。

一是要完善村庄基础设施建设，解决发展制约瓶颈。针对一些历史发展底子薄、债务多的村庄，政府应积极引导资金、技术、资源等向村级流动，为农村集体经济发展创造良好的外部条件，奠定集体经济的发展基础。

二是要依托本地资源优势发展集体经济，带动小农户与现代农业有机衔接。结合村庄自身产品及产业优势，以农村股份经济合作社为载体，为农户提供配套农业服务，同时吸引社会资本开发二、三产业项目，将文化旅游、乡村旅游与"三生"农业发展紧密结合，实现一二三产业融合发展。

三是以农村股份经济合作社为引领，发展股权经济。引导农户自愿以土地经营权等入股股份经济合作社，在欠发达地区鼓励在社区集体框架下发展土地股份合作，探索将财政资金投入农村新型集体经济组织形成经营性资产，通过多种途径发展壮大集体经济实力。

6.4 加快农村金融创新进程

6.4.1 农村金融创新的背景

"健全适合农业农村特点的农村金融体系、强化金融服务方式创新"是2017年中央农村工作会议对农村金融工作提出的新要求。虽然"农村金融创新"是个老话题，但放在"乡村振兴"的大背景下并冠以"加快"一词，不仅说明农村金融体系建设对实施乡村振兴战略的重要作用，还表明农村金融创新的速度和空间仍有待提升。

众所周知，农业是国民经济的基础，金融是现代经济的核心，农村金融作为我国金融体系的重要组成部分，在我国农业现代化进程中起到了重要的支撑作用。党中央、国务院高度重视农村金融服务体系建设工作，始终把深化农村金融改革、健全政策扶持体系、推动金融创新作为主攻方向。2018年中央1号文件明确要求，要坚持农村金融改革发展的正确方向，健全适合农业农村特点的农村金融体系，推动农村金融机构回归本源，把更多金融资源配置到农村经济社会发展的重点领域和薄弱环节，更好地满足乡村振兴的多样化金融需求，要强化金融服务方式创新，防止"脱实向虚"倾向，严格管控风险，提高金融服务乡村振兴的能力和水平。

自2015年中共中央办公厅、国务院办公厅印发《深化农村改革综合性实施方案》以来，农村金融创新取得的成绩有目共睹。随着一系列相关政策措施的出台，银行业、金融机构坚持市场导向，紧紧围绕市场变化和各种需求，大胆开发和创新金融产品，针对农民贷款需求多元化的特点，形成了适应不同市场主体需求的涉农信贷产品体系。例如，北京银行根据农户的信贷需求，设计推出"富民直通车"特色惠民金融服务品牌，包含农户专属借记卡、涉农贷款产品和农村地区支付产品三大产品体系，并以村为单位建立金融服务站，为农户提供综合性一站式金融服务；保定银行研发了"金支点·惠农贷"产品，贷款期限可延长至2年，农户贷款额度最高至20万元，企业最高额度为300万元；浙江玉环永兴村镇银行推出"农社乐"产品，以农民专业合作社为中心辐射上下游，形成链条式服务，扶持家庭农场转型升级。与此同时，随着国家创新战略实施、互联网快速发展，互联网资本正在加速对农村金融领域的渗透，"互联网＋农村金融"等新业态正在不断呈现。例如，以蚂蚁金服、京东为代表的电商系，投入大量资金和资源，推出"线上＋线下"熟人信贷、供应链金融等服务，截止到2017年初，蚂蚁金服在支付、保险以及信贷方面服务的涉农用户分别达到1.5亿、1.3亿、3 300万；以大北农、海尔金融等为代表的产业资本系，依托产业链、产品链优势，提供多产品、多渠道、多层次的农村金融综合服务，打造农村金融生态圈；以翼农贷、宜信等为代表的P2P（个人对个人）平台，通过互联网将资金需求端和供给端实现有效对接，促进了普惠金融发展。截至2017年末，银行业涉农贷款余额30.95万亿元，同比增长9.64%，占各项贷款的24.84%，其中农户贷款余额8.11万亿元，同比增长14.41%，城市涉农贷款余额5.81万亿元，同比增长11.30%；农村企业及各类组织贷款余额17.03万亿元，同比增长6.97%。全国建档评级农户数占农户总数比例为58.19%，授信农户数占农户总数比例为33.84%。涉农不良贷款余额9 739.9亿元，不良贷款率3.2%。

6.4.2 金融支农的制约瓶颈

虽然农村金融的改革与创新工作成绩斐然，但农村金融和广大农民需求之间仍有一定差距，农村金融政策扶持体系还存在诸多不完善，一些制约农村金融创新发展的深层次体制机制障碍仍有待破解，农村金融供给还不能很好地满足农业现代化的需要。

从金融机构角度来看，主要是"缺信心、缺信用、缺信息"。具体而言，一是缺信心。我国金融业主要走商业化路径，将成本和风险控制作为首要目标，而农业金融单笔资金额度小、服务费用高，自然和市场风险大，在缺乏有力政策支撑、风险不能很好覆盖的情况下，银行缺乏主动服务"三农"的内生动力，保险公司对一些没有财政补贴的农产品，不敢承保也不愿意承保。二是缺信用。我国农村信用评级和征信工作普遍不到位，金融机构与农民之间存在严重的信息不对称，银行放贷意愿自然就大大降低，特别是对于额度相对较大的贷款不敢贷。三是缺信息。金融机构普遍不了解农业，对农业的各个细分行业不熟悉、摸不清、看不透，缺乏对农业贷款项目的评审能力，缺乏对投保主体风险控制的手段，也找不准服务对象在哪、情况如何，往往"有劲无处使"。

从农业经营主体角度来看，主要是"缺抵押物、缺渠道、缺产品和服务"。具体而言，一是有效抵押物缺失。农民缺乏金融机构认可的标准抵押物，大量的生物资产以及投资形成的农资仓库、农机库房等生产性设施难以被银行等金融机构认可。目前，各地虽然在土地承包经营权、宅基地使用权、大型农机具、林权等抵押方面搞了一些试点，但金融机构还是"不愿要""不敢要"。有的生产经营主体虽然很有发展前景，但往往由于管理相对松散，财务制度也不健全，财务状况识别很困难，增加了银行尽职调查的难度。二是融资渠道缺失。相对城市居民而言，农民金融意识淡薄，金融知识匮乏，对于能够解决他们贷款问题的途径或者享受的优惠政策也知之甚少。农户去正规银行贷款，往往由于门槛高、附加条件苛刻、手续繁杂等原因"望而却步"。三是金融产品和服务缺失。由于金融机构在农村金融产品和服务创新方面投入有限，服务方式单一、针对性弱、流程固化，各类生产经营主体多层次、多样化的金融需求难以得到满足。新型农业经营主体普遍反映，缺少为其量身定做的信贷产品和农业保险产品，很多种养产品没有相对应的农业保险产品可以投保，即便投保了一些农业保险产品，其保障额度也远远低于生产成本。

从政府管理部门来看，主要是"缺能力支撑、缺合理的评价体系、缺有效调控手段"。具体而言，一是缺能力支撑。长期以来，金融管理部门普遍缺乏既懂金融又懂农业的人才，更多是偏重对农村金融机构的规范和风险控制，对农业产业的需求考虑得不够，制定的政策容易与实际脱节。二是缺合理的评价体系。现行涉农贷款统计制度将县域内发放的贷款，包括房地产贷款、建筑业贷款等都统计在内，虽然从总量看涉农贷款余额的增速快、占比也不低，但实际上却掩盖了农业产业"贷款难"的情况。三是缺有效支持手段。管理部门习惯于财政补贴的单一方式，对撬动金融资本和社会资本投入农业的办法和手段不多，金融政策与农业产业和财政结合等方面做得还不够。

6.4.3 加快农村金融创新发展的探索和举措

从目前农村金融市场的现状来看，加快农村金融创新，不仅要继续发挥政府的引导作用，充分调动农村银行业金融机构的参与积极性，还要培育具有竞争性的农村金融市场，通过"互联网＋"为我国农村金融市场注入金融活水。结合我国现阶段的实际情况，可通过以下方式加快我国农村金融创新发展，提高我国金融支农的水平。

一是推动健全多元化、广覆盖的机构体系。充分调动农民专业合作社、家庭农场、涉农企业等新型农业经营主体的积极性、能动性，引导各种类型的金融机构和组织结合自身经营特点，找准市场定位，发挥各自优势，为"三农"提供多层次、全覆盖的金融服务。第一，政策性银行要进一步突出公共性，重点支持粮棉油收储、农业农村基础设施建设、农村生态环境改善等；第二，大中型商业银行要更多服务于农业龙头企业，支持农村一二三产业融合后快速发展的农产品加工流通业，助力提升国际竞争力，以设立普惠金融事业部为契机，面向农村创新产品与服务，量身定做符合新型农业经营主体需求的服务，加大对小微企业和"三农"的支持力度；第三，充分发挥农村信用社、农村商业银行以及村镇银行等新型金融服务机构贴近农村、贴近农民的优势，支持种养大户、家庭农场、农民合作社特别是小农户的农业生产工作，强化农村社区金融服务；第四，健全全国农业信贷担保体系，尽快将主要农业县融入全国的农业信贷担保服务网络，重点服务新型农业经营主体和农业适度规模经营；第五，尽快完善针对新型农业经营主体的金融服务体系建设，探索农村合作组织的金融发展路径，稳步开展农民合作社内部资金互助试点，缓解农村金融有效供给不足问题；第六，促进互联网金融组织规范健康发展，为乡村振兴提供便捷、低价、优质的金融服务。

二是加快创新金融产品和服务手段。积极引导各类金融服务主体，借助现代信息技术手段，降低金融交易成本，延伸服务半径，拓展金融支农的广度和深度。第一，完善融资增信机制，提高农业信贷的可得性和便利性，加快推动建立农村各类产权确认、登记、评估、抵押、流转机制，深入推进农村承包土地的经营权抵押贷款试点，创新大型农业生产设施的抵押贷款业务和农机具融资租赁业务，切实推进全国农业信贷担保体系建设，通过在各省设立分公司、办事处、代办处以及相关信息化手段，尽快将服务网络延伸到基层，加快开发适应性强的信贷担保产品，完善模式和流程，健全农村金融风险控制体系。第二，推进农业保险"扩面、提标、增品"，将农业保险真正打造成为农业生产特别是适度规模经营的"稳压器"。明确农业保险的政策属性，聚焦规模经营主体，提高现有的保障标准，拓展中央财政补贴的险种范围，积极开发特色作物保险、天气指数保险、价格指数保险、"保险＋期货"、收入保险、贷款保证保险、农产品质量安全保险等创新型产品，扎实做好农业大灾保险试点，启动实施三大粮食作物制种保险，探索开展三大粮食作物完全成本和收入保险，出台优势特色农产品保险以奖代补政策，研究建立农业保险大灾风险分散机制，不断增强农业保险的内在吸引力，不仅要让保险公司做到保得到位、赔得足额，还要让农民愿意买、买得到、买得起。第三，创新投融资模式和机制，更好地引导社会资本投入农业。通过投资、重组、并购等方式推动农业产业整合升级，全方位支持做大做强一批行业龙头，积极探索农业领域政府和社会资本合作的有效模式，加快在畜禽粪污资源化利用、农作物秸秆综合利用等领域PPP模式的推广应用，加快开发农产品期货新品种，优化市场结构，丰富农产品期权品种，支持符合条件的涉农企业通过发行上市、再融资、发行企业债券、并购重组等方式融资和做大做强，提高农业领域直接融资比重。

三是充分发挥政策引导和激励作用。发挥市场在资源配置中的决定性作用，进一步优化财政支农支出结构。在继续加大财政直接补贴力度、增强补贴精准性和有效性的同时，主动转换财政资金投入方式，强化财政政策引导和激励，创造良好的发展环境，激发广大农民的内生活力，增强社会资本和金融资本等投资动力。在推动财政政策、金融政策和产业政策统筹协调发展的同时，促进金融资源向普惠型金融倾斜，进而形成全社会支持乡村振兴的大格局。首先，加强农业系统队伍建设，加快转变各级农业部门的工作理念，提升金融意识，补上知识短板，强化机构职能。引导各级农业部门转变过去单纯的财政直接投入、政府大包大揽的做法，调动金融资本、社会资本支持现代农业建设的积极性；指导地方农业部门强化农村金融职能，有条件的单独设立金融处；采取多种形式加强对农业系统、农业信贷担保系统的培训，锻炼培养一支既懂农业又懂金融的复合型人才队伍。其次，强化典型示范推动，建立切实有效、可持续的利益联结机制，引导和推动各类金融机构围绕现代农业发展和新型农业经营主体需求，不断创新接地气、可复制、易推广的金融产品和服务，并通过创新试点、模式总结、经验推广，形成在全国范围内具有普遍适应性的金融支农模式。最后，加大对新型农业经营主体的支持力度，坚持以农业产业需求为导向，通过农业产业政策、财税政策和金融政策相互协调，搭建金融机构供给与农民需求之间的桥梁，积极研究财政资金撬动金融和社会资本的路径和模式，不断拓展财政资金投入渠道，充分发挥财政资金"四两拨千斤"的杠杆作用。

6.5　改革财政支农投入机制

　　财政支农不仅是国家宏观调控的重要组成部分，也是国家"三农"治理的重要政策工具之一，更是国家财政管理体制改革的重要突破口。财政支农管理体制改革是否到位，既直接关系到国家财政支农工作成效和财政支农的职能发挥，又间接影响我国农业治理体系建设和农业现代化进程推进。如何通过全面深化财政支农资金管理体制机制改革，调整完善财政支农政策和创新财政支农投入机制，提高财政支农资金使用效率，已然成为国家深化农村改革的重要课题之一。

6.5.1 我国当前财政支农政策面临的形势和任务

对于农业发展而言，财政支农政策有着非常重要的引导和推动作用。尤其是在我国经济发展进入转型阶段的新常态下，农业、农村发展的内部环境和外部环境发生了复杂而深刻的变化，面临许多突出矛盾和问题。农业和农村发展动能不足、农业生产结构不合理、农业经营方式不适应、农产品供求结构失衡、农民收入持续增长乏力、农业竞争力不强等问题不断显现而且相互交织、错综复杂，严重制约了我国农业的持续健康平稳发展。在这种形势下，托底农业和农村经济增长的重担将更多地压在"积极财政政策"身上，农业财政收支矛盾有进一步加剧的可能性，完善我国的财政支农政策体系、改革财政支农的投入稳定增长机制已成为当前贯彻乡村振兴战略亟待破解的难题。

鉴于当前财政支农政策面临的严峻形势和艰巨任务，自2017年起，连续两年的中央1号文件都对财政支农做出了明确要求。具体而言，2017年中央1号文件明确提出要改革财政支农投入机制，坚持把农业农村作为财政支出的优先保障领域，确保农业农村投入适度增加，着力优化投入结构，创新使用方式，提升支农效能。固定资产投资继续向农业农村倾斜。发挥规划统筹引领作用，多层次、多形式推进涉农资金整合。推进专项转移支付预算编制环节源头整合改革，探索实行"大专项＋任务清单"管理方式。创新财政资金使用方式，推广PPP模式，实行以奖代补和贴息，支持建立担保机制，鼓励地方建立风险补偿基金，撬动金融和社会资本更多投向农业农村。拓宽农业农村基础设施投融资渠道，支持社会资本以特许经营、参股控股等方式参与农林水利、农垦等项目建设运营。鼓励地方政府和社会资本设立各类农业农村发展投资基金。加大地方政府债券支持农村基础设施建设力度。2018年中央1号文件要求确保财政支农投入持续增长，建立健全实施乡村振兴战略财政投入保障制度，公共财政更大力度向"三农"倾斜，确保财政投入与乡村振兴目标任务相适应。优化财政供给结构，推进行业内资金整合与行业间资金统筹相互衔接配合，增加地方自主统筹空间，加快建立涉农资金统筹整合长效机制。充分发挥财政资金的引导作用，撬动金融和社会资本更多投向乡村振兴。切实发挥全国农业信贷担保体系作用，通过财政担保费率补助和以奖代补等，加大对新型农业经营主体支持力度。加快设立国家融资担保基金，强化担保融资增信功能，引导更多金融资源支持乡村振兴。支持地方政府发行一般债券用于支持乡村振兴、脱贫攻坚领域的公益性项目。稳步推进地方政府专项债券管理改革，鼓励地方政府试点发行项目融资和收益自平衡的专项债券，支持符合条件、有一定收益的乡村公益性项目建设。

6.5.2 我国现阶段财政支农投入机制存在的问题

6.5.2.1 财政支农投入总量依然不足，支出结构不尽合理　从财政支农投入情况来看，财政支农投入总量依然不足。一是在支持推进农业供给侧结构性改革和脱贫攻坚上财政支农投入总量不足；二是在推动农业产业体系调整，优化农业产业体系空间布局，构建农业与二、三产业交叉融合上财政支农投入总量不足；三是在推动农业经营体系创新、加快培育新型农业经营主体上财政支农投入总量不足；四是在建立健全农村金融服务和农业风险保障体系上财政支农投入总量不足；五是在推动农业发展方式转变、推进农业可持续发展战略上财政支农投入总量不足[①]。

从财政支农支出结构来看，一是农业行政事业费支出比重严重偏高。在各级财政支农资金中，直接用于农业生产性支出的只占40%左右，而在农、林、水、气象等事业费用支出中，人员经费和办公经费占有相当大比重。二是农村小型农田基础设施投入不足。按照现行财政投资体制，中央和省级财政主要负责大中型农田水利基础设施项目，市县和乡镇财政主要负责小型农田水利基础设施建设。但因基层政府财力有限，小型农田水利设施投入严重不足。三是农业技术推广等服务性支出比重较低。目前国内农业技术推广经费占农业国内生产总值的比重远低于世界平均水平，农业社会化服务、产业经营等环节的支持力度明显不够，事关农业农村经济发展全局的基础性、战略性、公益性项目缺乏足够的投入保障。

6.5.2.2 支农资金多头分配管理，分散、重复投入严重

一是现行财政支农管理体制与现代农业发展要求不适应。在现行财政收支分类体系中，财政支农资金渠道涉及20多个部门，在财政支出分类科目中，支农资金在农林水事务等14个以上的类级科目中均有分布。受体制约束，财政支农资金使用分散在各涉农部门机构手中，资金分配中存在着多头管理，形不成合力，且投入重点和精准度不高，各部门安排项目资金时"撒胡椒面"现象依旧普遍存在，致使有限的资金不能集中使用，无法形成合力。虽然各专项资金统一由财政部门管理，但其他涉农主管部门仍然享有调用资金和支配项目的权力。由于各部门支农资金来源分散，且各自有自己的资金管理规定，这就使得支农资金投入和管理模式往往带有浓厚的部门色彩，对于部门性较强的中小型支农建设项目可能会有较好的效果，而对于跨部门跨地区、需要相互衔接的重大项目却难以

---

① 王树勤，等.完善农业投入保障机制与深化农村综合改革研究报告（上）[J].当代农村财经，2017（8）：2-8.

整合资金集中投入，从而导致农业建设项目投资效率低下。

二是涉农部门之间在支农项目安排上缺乏有效的协调机制。现行财政支农资金实行分块管理，由发改、财政、农业、水利、科技、扶贫等多个部门管理使用，但尚未形成一个有效的衔接协调机制，导致支农资金分散使用现象十分突出。即使是在同一个部门内部，不同机构之间的很多支农项目也往往不能相互配合，有的甚至彼此冲突，这大大削弱了财政支农资金的使用效果。这种政出多门的格局，导致多头申报、重复申报、挪用、挤占等现象时有发生。不同渠道的资金在项目安排、使用方向、建设内容等方面出现了相当程度的重复和交叉申报，致使重复投资的现象屡见不鲜。无论是中央还是地方，由于各级涉农主管部门相互之间缺乏信息沟通、衔接和联动，对年度或跨年度财政支农资金，安排哪些项目、把财政支农资金投入到什么地方，都没有明确的规定，使得财政支农资金很难在预算环节上进行有效的整合，加剧了财政支农资金的管理难度。

三是财政支农资金管理环节太多，监管乏力。在现行财政支农资金管理体制下，中央、省、市、县、乡五级共同分担支农的事权责任，支农投入以中央和省级为主，县（市）乡配套为辅。这种管理模式带来的问题就是增加财政支农资金的审批管理环节，各级涉农主管财政支农资金的管理部门都有自己的资金管理规章制度，其支农资金管理制度设计也服从于本行业、本部门的特点，支农项目安排基本从本部门和本行业出发，很少考虑与其他部门之间的相互协调和相互配套，支农项目安排缺乏系统性、连续性和配套性。由于各涉农部门财政支农资金存在多头管理，且管理规章制度又不一致，使得同类涉农项目的资金管理制度、核算办法以及审批程序也不一致。财政支农资金面对冗长、多层次、多部门的管理体制和管理环节，监督工作显得非常乏力。首先，我国涉农主管部门都直接或间接地享有监管财政支农资金的权力和职责，正是这种多头管理的状态，造成了涉农部门横向难以相互协调配合，容易出现监管漏洞。其次，监督工作缺乏独立性。财政部门和涉农管理部门，既是财政支农资金的分配管理部门，又负有对财政支农资金使用的监督检查职责，由于监督主体缺乏绝对的独立性，使得财政支农资金监督大打折扣。再次，缺乏必要的再监督制衡机制。财政支农资金拨付后，因财政支农资金所有权、使用权和管理权相分离，资金使用前的科学论证以及使用过程中能否带来经济、社会、生态效益等，并没有进行全方位的跟踪监督控制，更没有行之有效的考核评估指标体系，致使财政支农项目出现了一些低效、劣质工程。特别是财政支农资金配置使用公开透明度低，社会参与度不够，项目信息发布不及时甚至滞后，资金使用过程又缺乏社会舆论和群众的监督，导致财政支农领域腐败问题时有发生。

6.5.2.3 财政支农项目精准度不够，实施成本过高

现行的财政支农建设项目从申报、审批、招投标到资金下达、开始施工的整个过程，一般需要半年左右的时间，有些项目的时间甚至更长。因此，会导致建设项目时间拉长，不能及时和充分地发挥其应有的效用，有时还会出现项目资金"贬值"的现象。

目前国家财政支农专项投资90%以上由县级政府部门代建，少数由乡镇或其他部门代建，且项目建设基本是采用发包形式，形成了农业项目建设由政府主管部门包办代建，项目申报、审批等前期工作全过程都在政府部门内部运作的形式。这种形式基本上把农民排除在项目决策程序之外。由于没有农民参与项目建设决策过程，致使农民难以对项目建设进行全过程监督，不利于防止支农资金被截留、挪用等流失现象。

由于粮食补贴的种类繁多，导致补贴发放程序复杂，整个过程要耗费较高的成本，增加了出错的概率，而且不方便。有些补贴名目和管理部门繁多，导致项目重叠、职能交叉，并且补贴资金从下达到落实手续繁琐，既不利于提高行政效率，也难以发挥资金的规模效应，削弱了财政补贴对现代农业发展的杠杆效应和促进作用。以种粮补贴为例，由于核实种粮面积比较困难，加之农村基层工作人员人手有限，对农民承包土地面积内非种粮部分没有进行核减，使

得粮食补贴政策在某种程度上没有真正起到"奖勤罚懒"的作用，对提高农民种粮积极性作用不明显，对抛荒不种粮的农民也不能起到制约作用。目前粮食生产补贴只占农民收入的很小一部分，大多数农民只是把种粮补贴资金理解为党和政府的关心款，与种粮不种粮、种粮面积多少没关系，因而，粮食补贴政策难以达到鼓励、保护农民种粮积极性的目的。现实情况是，有些种粮大户流转大量的耕地，实施粮食规模化生产，但拿不到种粮补贴款，而那些不种粮的人却拿走了粮食直补，严重挫伤了种粮大户的积极性。相反，许多有流转土地意向的农民，因担心自己失去土地，会损失国家给予的各类补贴，宁愿抛荒也不愿意把土地租给别人耕种，制约了农村土地流转和规模经营。

此外，"产粮大县"与"财政穷县"的矛盾突出。长期以来，由于国家粮食利益调节机制尚未理顺，致使粮食主产区与主销区工农产品价格的"剪刀差"的问题一直没有得到有效解决，粮食主产区利益因粮价低而受到损害，而主销区享受了农业生产资料和工业消费品中的高额利润，使得粮食主产区和粮食主销区的利益扭曲，粮食主产区的可持续发展受到挑战，难以走出"产粮大县、工业小县、财政穷县"的境地。

6.5.2.4 农业科技投入体制机制不完善，对农业科技创新投入不足　一个完善的农业科技研发推广组织体系，应能够把现代农业新技术、新成果和新工艺成功有效地传递给市场主体。虽然我国农业科技成果供给数量相对较多，但农业科技成果转化率非常低。有关资料显示，我国每年完成7 000多项农业科研成果，获奖成果2 000多项，但这些农业科研成果的转化率仅为30%～35%，农业科研成果真正用于生产领域的不到30%，能够跨地区大面积推广的不足20%。一些好的农业科技项目和先进的农业技术因受资金、条件等制约，无法转化为现实的生产力。不仅如此，农业人才激励约束机制不健全，也阻碍农业科技成果的转化。以农业科技人才为例，由于财政投入不足，相关人才激励机制缺失，致使许多国内农业科技人才外流。有些高层次农业科技人才的外流，主要是因为培养资金不足和科研条件及手段落后。由于农业科研体制机制改革滞后，使得在财政支农资金使用方面缺乏组织与协调，资源达不到共享。同样，在农业科技人才的激励上也缺乏相应的财政投入机制，阻碍着农业科技成果转化。尽管近年来财政对农业科技投入的绝对数额在不断增加，但相对数依然偏低，农业科研经费仅占农业总产值的0.5%左右，远低于世界1%的平均水平，这不仅制约了我国农业的现代化进程，而且降低了我国农业竞争能力。

6.5.2.5 财政对农村金融保险投入政策导向性不强，杠杆作用缺失

我国的基本国情和农业的特点决定了农村金融离不开财政支农政策的支持。随着我国由传统农业向现代农业的转型升级，农业农村对金融服务的需求非常迫切，金融服务对于我国农业现代化建设的支撑作用日益凸显。然而，农村金融既是我国农业农村发展最薄弱的环节，也是支农领域中的短板。我国财政支农建设，注重财政自身资金的投入与使用，与社会金融资本结合得不够，并没有建立起财政支农资金与金融领域资金紧密相连的纽带关系，金融杠杆对财政资金运行的支撑功能长期缺失，金融供给明显滞后。因此，加快发展农村金融，健全完善金融支持农业的政策体系刻不容缓。

目前，许多大型传统商业银行已从农村撤出了营业网点，农村政策性金融出现了严重缺位。虽然农村商业银行在支农方面做出了一些创新性工作，但对农户的农业生产发展的支持相对较少。农村信用社变成为农村商业银行后，营业网点也基本面向县域和城市，支持的重点也发生了转变，服务对象和服务目标发生偏移。尽管近年来出现了一些新型农村金融机构，开始允许民间资本设立小额贷款公司和民营银行、村镇银行，但它们大多数都设在县城，提供的金融服务以及信贷流程都与大型银行没有太大差异，小额贷款公司对于服务农业的考虑很少，对农业经济发展支持作用有限。由于财税激励政策的缺失，没有针对这些金融机构出台切实有效的措施引导和激励村镇银行和小额贷款公司服务和支持农业，民间借贷和融资难以有效地补充农业发展主体的资金需求。虽然中央财政近年来启动实施了一些财政支农的金融政策，但因边际效应递减、

效益不高，缺乏解决农民"贷款难""贷款贵"问题的有效方式，缺乏引导社会资本投向现代农业的财政补贴政策，致使农村金融一直是农村发展的短板。

财政对农业保险的投入情况也是如此。由于我国农业保险保障程度较低，保险补贴分担机制不完善，农业巨灾风险的分担机制尚未建立，许多保险机构不愿经营农业保险业务，农业保险市场存量很小。而且现阶段农业保险参保品种主要集中在中央财政保费补贴所涵盖的范围内，有些高效、高附加值品种没有纳入中央财政补贴范围。政策性农业保险虽然是农业保险的主体，但因中央和省、市（县）政府与保险公司之间的利益存在分歧，导致省级保险公司和基层保险公司、省级政府和市（县）政府纵向目标激励的不协同性，破坏了政策性农业保险的协同效果。

6.5.3 完善财政支农投入机制的措施

6.5.3.1 加大财政支农资金的投入

世界农业发展实践证明，财政对农业投入的规模与农业发展成正比。无论任何时期，维系我国农业稳定发展都离不开财政投入。尽管近年来，我国对农业投入持续增加，资金总额超过万亿，但仍低于发达国家和发展中国家的平均水平。因此，要继续扩大财政支农资金的投入规模。从近几年各级财政支农资金投入情况看，虽然增长幅度有较大的提高，但财政支农资金投入机制还不完善，直接用于普惠式农业基础设施建设的投入占比偏低，在农业可持续发展、农产品质量安全监管、农产品流通市场完善、农业风险化解机制建设、农产品品牌创建、农技人员和农民培训等方面投入不足。因此，各级政府要严格按照国家有关法律法规，把新增的财力、基本建设投资等公益性投入更多地向农村和现代农业倾斜。

一是建立完善财政支农资金投入稳定增长机制。不仅要提高财政资金用于农业支出的比重，还要保证财政支农资金绝对量的增加。各级财政对农业投入的增长幅度，要高于财政经常性收入的增长幅度，适当提高土地出让收入和建设用地税费收入投向农业的比例，严格执行新增建设用地土地有偿使用费专项用于基本农田保护及建设、耕地开发和土地整理的规定。同时，要不断扩大财政支农支出的规模。充分利用财政资金的杠杆效应，引导金融资本和其他社会资金进入现代农业，不断拓展现代农业发展的资金渠道。

二是科学配置公共产品和服务，加快推进城乡发展一体化。城乡差距过大的问题是全面建成小康社会必须要解决的，解决城乡发展一体化问题的关键是要打破城乡二元结构，增加农村基本公共服务支出，缩小城乡差距，提高城乡发展一体化水平。因此，要高度重视农村社会事业发展，发挥财政政策在统筹城乡发展中的作用，促进融合、共同发展，加快推动基本公共服务向农村延伸，不断提高农村公共服务水平，以此推进城乡公共服务均等化，促进城乡产业发展融合，实现城乡要素配置合理化、城乡居民基本权益平等化、城乡居民收入均衡化。

三是加强农田水利基础设施建设。充分调动社会和农民对农田水利基础设施建设和维护的积极性，按照"谁投资，谁受益"原则，多渠道吸引社会资本参与农田水利基础设施建设，构建起"政府投入为主导、农户投入为基础、社会投入

马铃薯大型喷灌系统

为补充"的农田水利基础设施资金投入机制，对已建成的水利设施，通过引进商业模式，采取公开拍卖、股份制或承包等方式，有条件转让农田水利工程的经营管理权。同时，各级地方政府要设立末级渠系建设专项基金，对于集中连片面积较大的农田，过流能力较大的末端渠道节水改造项目实行"以奖代补"。

四是继续增加脱贫攻坚战的财政投入。打赢脱贫攻坚战是促进全体人民共享改革发展成果、实现共同富裕、全面建成小康社会的重大举措。在扶贫开发的关键阶段，要持续加大财政扶贫的投入，在重点抓好贫困县统筹整合使用财政涉农资金试点工作的同时，创新财政扶贫机制，支持地方探索资产收益扶贫；结合生态保护脱贫，国家重大生态工程在项目和资金安排上进一步向贫困地区倾斜。

6.5.3.2 调整优化现行财政支农支出结构

财政支农支出结构，不仅能够反映财政支农资金在农业支出中所占的比重，也能够体现政府对农业的投入重点和方向，所以说财政支农支出结构是财政支农政策的具体体现。因此，不断调整优化财政支农支出结构是提高财政支农效益的重要途径。通过优化财政支农支出结构，发挥财政支农资金"四两拨千斤"的作用。

一是继续加大对生态环境建设的投入，特别是让农民直接受益的中小型农业设施、农村道路和电网改造等基础设施的投入，夯实现代农业发展的基础，以此提高农业综合生产能力和综合效益。

二是加大对农业科技的研究、引进和推广的投入力度，加快对农产品质量标准、病虫疫情防治体系、农产品市场信息服务体系和农业技术推广体系建设等方面的投入。按照建设公共财政和世界贸易组织要求，逐步扩大对农村事业投入的比重，压缩对农业生产投入的比重。完善农村社保、教育、卫生和文化政策，提高农民福利水平，加大对农村民生的投入，建立完善的农村社会保障制度，完善农村人力资源政策，加大对农村教育、科技、文化和卫生等宣传培训的投入。

三是加大支持现代农业发展的力度。将更多的资金投向农业产业体系、生产经营服务体系和社会化服务体系建设方面，支持农业龙头企业和现代农业园区建设，培育发展现代农业经营主体，引导农业向规模化、集约化和产业化方向发展。

6.5.3.3 进一步简政放权，推进财政涉农资金的整合力度　简政放权的目的就是要实现政府的职能转变。按照十九大精神的要求，发挥市场在资源配置中的决定性作用，继续深化财政涉农项目行政审批制度改革，制定财政支农的权力清单和责任清单，公开财政支农权力的运行流程，积极推行项目网上申报和审批，提高财政支农资金的审批效率。转变财政支农资金的管理方式[①]，减少中央层面行政审批事项，推进农业项目投资安排和执行的统筹协调，建立健全农业投资、项目、监管三位一体的投资管理体系，以实现重点地区、重大农业项目在线监管。财政、审计等部门要改变现行的监督检查方法，由过去的注重合规审计转向注重效益审计，同时开展支农支出效果评价。整合财政支农资金的目的，就是要科学合理配置公共财政资源，提高财政支农资金的使用效益。

长远看，通过转变政府职能，建立大部制的行政管理体制，可以从根本上解决支农资金整合问题。短期看，一是推动财政涉农资金整合，必须要打破原有部门界限，加强"顶层设计"，通过不断规范财政支农资金投向，重新调整各方利益，使其更能充分发挥财政支农资金的使用效率。具体而言，由国务院牵头，国家发展改革委、财政部、农业农村部、水利部等部委联合开展自上而下的涉农资金整合工作，制定涉农资金整合管理办法，统筹安排资金形成合力，按照中央1号文件提出的"大专项＋工作清单＋集中下达"的整合模式，由国务院组建支农资金整合机构或指定主管部门整合中央各行业同类专项，关联部门分别提出工作目标，整合后的大专项经国务院批准后，集中下达各省，探索推进涉农项目由专项转移支付向一般转移支付过渡，促进中央宏观调控与

---

① 郭强.中国农村集体产权的形成、演变与发展展望［J］.现代经济探讨，2014（4）：38-42.

地方自主统筹的有效衔接。二是省级要组建涉农资金整合协调领导小组，形成和强化涉农资金整合过程中的领导合力，负责对省级财政涉农资金整合规划、项目申报、资金分配等重大问题进行决策，改变各部门在涉农资金项目的申报、分配、使用上各自为政的局面。三是县（市）级要根据国家和省级规划以及本县（市）发展目标，利用信息对称、本地情况熟的优势，在统筹安排项目实施方面发挥作用，以县（市）为单位，组织项目论证和评估，建立项目库，同时，要建立科学合理、具有操作性的涉农项目评价指标和项目专家库。四是加强对涉农资金整合使用监督。确保资金整合的各项政策落到实处，制定涉农资金整合的绩效考评奖励制度，将绩效考评结果与资金安排挂钩。

6.5.3.4 进一步完善财政支持现代农业科技体系

加大财政支持农业科技创新力度，创新完善财政对农业科技的投入体系和机制，促进农业新技术运用到实际生产中，从而使农业科技支持体系在资金使用上实现有序化、制度化。

一是加大财政对农业科技创新投入的力度，就是要增加对农业科技研发、推广的资金支持，保证农业科技创新财政投入增幅高于财政经常性收入增幅。特别是要加大对于农业新品种的研发和技术更新的支持力度，构建以目标导向和需求导向为主的农业科研项目支持体系，支持农业科技的推广和成果转化，注重农业科技成果与农业生产的实际结合，提高农业科技成果转化率。

二是完善财政支持现代农业科技体系，具体包括社会服务体系、智力支持体系、管理支持体系、政策支持体系，构建农业科技项目监管机制、绩效评价机制。

三是要调整完善现行农业科技费用支出结构。根据当前我国农业科技发展现状和农业科技的投入情况，对农业科技研发和成果推广转化进行统筹安排，调整优化农业科技投入结构，重点向农业科技重大攻关领域倾斜，保证农业科技创新项目所需资金，同时，要加大对农业科技成果转化的投入，加快促进农业科技转化为现实生产力。

四是实施人才培养工程。加快培养一大批农业科技创新人才，使之成为未来农业科技创新的主力军。要改善农业科技人才的薪酬待遇，提高他们的工资收入水平，以好的生活待遇和工作环境吸引人才、留住人才。

五是加快培育农业科技推广社会化服务组织，鼓励民间资本投资农业，对于从事农业技术创新和推广的经营性组织，财政要给予补贴和税收优惠，通过示范效应在全社会形成农业科技创新与推广的良好氛围。

6.5.3.5 完善财政支持农业发展的金融政策体系

农村金融在发展现代农业，促进农业增产、农民增收，推动农村一二三产业融合发展、电商下乡、农民工返乡创业、精准扶贫等方面具有巨大作用。当前农业发展主要是依靠国家对农业的投入来实现的，金融对农村的发展作用没有充分地体现出来。就目前情况看，农村金融发展缺的是适应"三农"特点的有效机制。农民小额贷款存在业务数额小、笔数多，农户居住分散、情况复杂，管理难度大、成本高等问题，是许多商业银行都不愿涉足的主要原因。因此，要改变投资农业主要靠财政这种状况，以财政作为杠杆撬动更多社会资本、金融资本投资农业。

一是加快构建政府财政资金和政策性信贷资金合力支农的工作机制，为支持农业现代化提供制度保障。以政府主导、市场运作、社会参与为原则，推动建立财政支农资金与政策性信贷资金合力支农的工作机制，激活财政政策"以小博大"的乘数效应，实现财政与货币政策在"三农"领域的协调配合。

二是围绕破解"谁来种地""如何种地"和新型农业经营主体"融资难""融资贵"等突出问题，探索创新农村承包土地经营权抵押等符合"三农"特点、操作便利的信贷产品和服务模式，支持农村土地流转和适度规模经营。围绕"藏粮于地""藏粮于技"和"双创"发展战略，创新推出"中央投资＋专项建设基金＋农发行贷款"融资组合模式，积极为高标准农田建设提供长期、低成本信贷资金支持；支持农村土地流转和规模经营，助推农业生产方式转变；加大对农业科技创新的支持力度，强化科技对农业发展的支撑作用，以保障国家粮食安全和农业可持续发展。

三是探索发展普惠金融，支持新型农业经营主体和小微企业发展。积极探索"投贷结合"模式，围绕农业全产业链发展和一二三产业融合，大力推进农林牧渔产业化经营，通过中国农业发展银行专项建设基金的投入，引导社会资金和商业银行资金进入国家重点项目，与同业金融机构开展业务合作。通过中国农业发展银行提供政策性信贷资金、合作银行转贷的方式，实现投贷联动，稳健支持农业产业化龙头企业发展，推动农业产业转型升级。

四是开展"政银担""政银保"合作，推动"供应链金融"模式。通过与中央、地方政府、担保和保险等各方的合作，探索建立"2+N"模式等风险分担补偿机制，推进政府性财政资金和政策性信贷资金合力支农，加大对新型农业经营主体的支持力度。整合农业全产业链核心企业与上下游企业资源，通过对资金流、信息流、物质流的有效控制和闭环管理，创新设计金融产品，提供全链条服务，促进农村一二三产业融合发展。

五是创新支持农村金融发展的政策措施。改善政策支持体系，提高财政资金使用效率，推进政策性金融机构的改革，必须要靠体制机制创新来实现。按照定向调控的要求，通过改进财税政策，进而增强金融支持"三农"发展的动力和能力，并且通过制定相关配套税收、财政政策，促进各类金融机构和资金流入农村市场。建议出台对农村金融基础建设进行财税补贴的政策措施，激发农村金融服务创新的积极性，对涉农贷款和农村网点的营业税实行全额减免等，以更多地释放农村金融创新活力。

6.5.3.6 完善财政支持农业发展的保险政策　农业保险制度是为了降低和分散农业风险所作的制度安排。对我国农业发展而言，我国农业基础设施相对薄弱，自然灾害较多，生产经营风险高，有效地控制农业生产经营过程中的自然风险、市场风险和质量安全风险，提高风险保障水平，以保障农业可持续发展和农户收入稳定增长十分必要。为此，要加快发展和完善我国农业保险制度。具体而言：

一是改革完善现行的农业保险补贴政策。综合考虑粮食安全、地方财政承受能力、农业现代化发展要求等因素来确定农业保险补贴力度和范围，提高中央财政保费补贴比例，适当降低县（市）和农民自付保费承担比例，以调动县（市）地方政府和广大农户投保积极性，放大国家支农惠农政策效应。省级财政要加大对地方特色品种的补贴力度，增加纳入补贴范围的农作物类型。要依据不同农产品的属性对农产品进行分类，对关系到国计民生的大宗农产品，要做到应保尽保。本着"谁提供补贴，谁负责风险监控"的原则，建立激励和约束相容的机制，加大对补贴后续绩效的评估和风险控制，以遏制农业保险运营过程中与补贴资金相关的欺诈案件的发生。

二是加大中央财政补贴力度。从发达国家的实践看，凡是农业保险搞得较好的国家，政府都给予多方面的支持，如实行免税政策，对保费给予一定比例的补贴，政府出面制定和实施农业保险计划等。相比之下，我国对农业保险的补贴明显不足，这是制约我国农业保险发展的最主要原因。补贴政策是撬动价格保险发展的关键杠杆，目前农业保险的许多补贴政策还没有落实到位，财政资金的使用效率还有待提高。因此，应从落实存量政策、争取增量政策、开源节流、向新型农业经营主体倾斜出发，将现有各项补贴政策充分落实到位，充分挖掘财政资金潜力，改善补贴效率。

三是尽快完善农业保险大灾风险分散机制。建立全国、省、县三级的农业再保险体系，制定和完善农业大灾风险分散制度，特别是中央和省两级大灾风险分散制度，以避免发生保险公司"赔不了就不赔"或者人为压低赔付的情况，真正维护投保农户的利益和农业保险制度的有效性。同时，借鉴国际经验，加快制定适合我国国情的农业保险专门法律。现行的《农业保险条例》难以满足农牧业的快速发展和市场对农业保险需求层次多样化的要求。因此，必须将其上升到法律层面，通过立法明确各级政府在农业保险工作中的职能与作用，明确国家的投入和政策保护措施，明确农业保险的实施范围和实施方式，明确规范农业保险的经营主体、参与主体、受益主体的权利和义务关系。

6.5.3.7 加快农业领域PPP模式的推广应用步伐　　以深化农业供给侧

结构性改革、实施乡村振兴战略为主要任务，加大农业领域PPP模式推广应用，优化农业资金投入方式，引导社会资本积极参与农业领域PPP项目投资、建设、运营，改善农业农村公共服务供给，重点引导和鼓励社会资本参与以下领域农业公共产品和服务供给。具体包括：

（1）绿色农业发展。支持畜禽粪污资源化利用、农作物秸秆综合利用、废旧农膜回收、病死畜禽无害化处理，支持规模化大型沼气工程。

（2）高标准农田建设。支持集中连片、旱涝保收、稳产高产、生态友好的高标准农田建设，支持开展土地平整、土壤改良与土壤育肥、灌溉与排水、田间道路、农田防护与生态环境保持、农田输配电等工程建设，支持耕地治理修复。

（3）现代农业产业园。支持以规模化种养基地为基础，通过"生产+加工+科技"，聚集现代生产要素、创新体制机制的现代农业产业园。

（4）田园综合体。支持有条件的乡村建设以农民合作社为主要载体，让农民充分参与和受益，集循环农业、创意农业、农事体验于一体的田园综合体。

（5）农产品物流与交易平台。支持农产品交易中心（市场）、生产资料交易平台、仓储基地建设，支持区域农产品公用品牌创建，支持信息进村入户工程、智慧农业工程、农村电子商务平台、智能物流设施等建设运营。

6.6 完善农业补贴制度

对农业生产者实施补贴，是发达国家和发展中国家普遍采取的农业支持保护政策。21世纪以来，我国也建立起了直接补贴农业生产者的政策。2002年，种粮农民直接补贴在吉林和安徽部分县市进行试点。新世纪以来第一个聚焦"三农"的中央1号文件——《中共中央国务院关于促进农民增加收入若干政策的意见》（中发〔2004〕1号）正式提出，中央财政从粮食风险基金中拿出部分资金，在主产区直接补贴种粮农民，并要求其他地区也要对本省、自治区或直辖市的粮食主产县的种粮农民进行直接补贴。实际上，2004年中央财政从国家粮食风险金中拿出151亿元，在全国范围内实施了种粮农民直接补贴。同年，大型农机具更新补贴上升为农业补贴体系的重要组成部分，改革为农机购置补贴。2006年，受国际能源价格上升的压力，国内化肥、柴油等农业生产资料价格大幅度上升，国家对种粮农民又实施了农资增支综合直补，后来改称农资综合补贴，成为其后存量最大的一种补贴。

在2012—2017年的6年时间内，在普惠制的农业保险保费补贴、目标价格补贴等相继建立的同时，以项目下达形式落实的农业重点生产环节补贴、资源环境保护补贴、农村金融补贴、基础设施补贴也相继探索完善。对农业生产者的补贴，在数额上经历了从无到有的变化历程，在种类上经历了从单一到多样的发展变化历程，符合我国现阶段国情的农业补贴制度框架已基本成型。尤其是，党的十八大以来，曾经作为我国农业补贴政策基础的"四补贴"全面转型升级，种粮农民直接补贴、农资综合直补、农作物良种补贴"三补合一"，农机购置补贴的操作方式也进行了改革完善，其他各类农业补贴政策也不断完善升级，农业补贴政策的新一轮改革正式推开。

6.6.1 我国现有农业补贴的基本政策框架与新动向

6.6.1.1 农民收入补贴　目前，我国已经形成了以支持耕地农用为主要目标，以直接补贴农民为主要方式，低标准、广覆盖、普惠制的农民收入补贴政策。2015年种粮农民直接补贴、农作物良种补贴、农资综合补贴三种补贴资金达1 415亿元，按农村户籍人口计算，人均234.48元，占农民人均纯收入的比重为2.2%。2015年国家启动农业"三补合一"改革试点，将种粮农民直接补贴、农作物良种补贴、农资综合补贴合并为"农业支持保护补贴"，2016年"三补合一"扩展至全国。财政部和农业部还共同制定了《农业支持保护补贴资金管理办法》，明确农业支持保护补贴当中用于耕地地力保护的部分，补贴对象原则上为拥有耕地承包权的种地农民，这实际上明确了其农民收入补贴的性质。2017年中央1号文件把农民收入作为农业补贴政策的重点之一，这是中央1号文件中首次明确把农民收入作为农业补贴完善的方向。

6.6.1.2 农业生产补贴　我国初步构建了以稳定和提高粮食产能为主要目标，以生产者自愿申请、政府部门遴选、补贴以项目或奖励形式落实为主要方式，设备购置、技术补助等多种操作模式并用的农业生产补贴政策。其中，农机购置补贴资金从2004年的7 000万元增长到2015年的237.5亿元，实施范围由66个县拓宽到所有的农牧业县。针对生产环节，我国还建立了测土配方施肥补助、动物防疫补助、渔业油价补贴综合性支持等政策。作为一种粮食主产区利益补偿，产粮（油）大县奖励、生猪（牛羊）调出大县奖励实际上也可以归为生产补贴。2017年中央1号文件提出，加大对粮棉油糖和饲草料生产全程机械化所需机具的补贴力度，并继续稳定产粮大县奖励政策。

6.6.1.3 农产品价格支持补贴　　这一补贴实际上与粮食流通体制改革结合十分紧密。目前我国初步形成了以托底价格调控、储备吞吐调节为主要方式，以最低收购价、临时收储和政策性竞价交易为主要内容，以新疆棉花和东北大豆目标价格补贴、东北玉米生产者补贴为探索方向的农产品价格支持补贴政策。从2004年起，国家相继对稻谷和小麦实施最低收购价政策，对玉米、大豆、油菜籽、棉花、食糖等实施临时收储政策，对政策性储备粮食、糖和油料等实施公开竞价交易。面对国内外农产品供求形势变化，国家推动了价补分离改革，于2014年取消了大豆、棉花临时收储价格，将糖料和油菜籽等临时收储下放由地方自行决定和实施，同时又启动了新疆棉花、东北和内蒙古大豆目标价格补贴。2016年，国家取消了玉米临时收储，改为"市场化收购＋生产者补贴"的方式。2017年中央1号文件提出，国家继续健全玉米生产者补贴制度，并调整完善大豆和新疆棉花的目标价格政策。

6.6.1.4 农业保险补贴　　我国已经形成了"政府扶持引导、部门协同推进、保险机构市场运作、农民自愿参加"的农业保险发展模式和"中央支持保基本，地方支持保特色"的农业保险保费补贴机制。中央财政农业保险保费补贴基本覆盖了粮食等主要农产品。"十二五"时期，农业保险累计为10.4亿户次农户提供风险保障6.5万亿元，向1.2亿户次农户支付赔款914亿元，中央财政农业保险保费补贴累计约490亿元，2015年我国承保的主要农作物播种面积突破14.5亿亩，占全国播种面积的59%，三大主粮作物平均承保覆盖率超过70%，承保农作物品种达189类。同时，部分地区在生猪目标价格保险、农产品质量安全保险等方面进行了积极探索。2017年中央1号文件对农业保险的要求是：坚持开发多层次多元化的保险产品，在土地流转履约保证、农产品收入、农产品价格指数、农户互助保险等方面开展探索。

6.6.1.5 基础设施建设补贴　　我国形成了以财政奖补引导为主、社会力量多方参与，以提升农业综合生产能力、农业科技创新能力、农业公共服务能力、农业资源环境保护与利用能力和农村民生基础设施服务能力为目标的基础设施建设补贴政策[①]。"十二五"以来，相继实施了新增千亿斤粮食田间工程、农业科技创新能力条件建设、农产品质量安全检验检测体系建设、农村沼气工程等30多个重大工程，投资总额达到1 460亿元。2017年中央1号文件继续高度重视对基础设施建设的支持，提出完善对粮食生产功能区、重要农产品保护区和特色农产品优势区的支持政策，统筹资金建设现代农业产业园、科技园、创业园，支持田园综合体建设，推进国家农业可持续发展试验示范区建设，继续强化国家现代农业示范区建设，基础设施建设补贴将表现出向园区和平台集约集聚的趋势。

6.6.1.6 资源环境保护补贴   我国初步探索形成了以促进资源永续利用、遏制环境恶化和农业可持续发展为目标，以控制农业用水总量，实现化肥农药减量，促进农作物秸秆、畜禽粪便和农膜残留基本实现资源化利用等为具体指向，调整优化农业结构、转变农业发展方式的政策体系。2017年中央1号文件提出，国家将探索耕地轮作休耕试点和其他种植业结构调整支持补助，支持化肥农药零增长行动，实施耕地保护与质量提升补助，继续开展草原生态保护奖补，支持新一轮退耕还林还草，鼓励各地加大农作物秸秆综合利用支持力度等。

6.6.2 我国农业补贴政策的落实与绩效

6.6.2.1 补贴存量稳定增长   2004—2015年的种粮农民直接补贴、农资综合补贴、农作物良种补贴"三项补贴"的资金规模由145亿元增长到1 415亿元（表6-7），农机购置补贴由7 000万元增长到237.55亿元（图6-5）。其他补贴不断建立健全，补贴规模不断调整扩充。

[①] 王树勤，等.完善农业投入保障机制与深化农村综合改革研究报告（上）[J].当代农村财经，2017（8）：2-8.

表6-7   2004—2015年"三项补贴"实施情况

年份	种粮农民直接补贴/亿元	农资综合补贴/亿元	农作物良种补贴/亿元	合计/亿元	农民人均获得补贴/元	占农民人均纯收入比重/%
2004	116	—	29	145	19.15	0.7
2005	132	—	39	171	22.94	0.7
2006	151	120	42	313	42.78	1.2
2007	151	276	67	494	69.09	1.7
2008	151	638	121	910	129.26	2.7
2009	151	716	155	1 022	148.25	2.9
2010	151	835	200	1 186	176.72	3.0
2011	151	860	220	1 231	187.49	2.7
2012	151	1 078	224	1 453	226.25	2.9
2013	151	1 071	226	1 448	229.98	2.6
2014	151	1 078	215	1 444	233.41	2.4
2015	140.5	1 071	203.5	1 415	234.48	2.2

数据来源：根据农业部政策法规司公开资料以及网络资料整理。

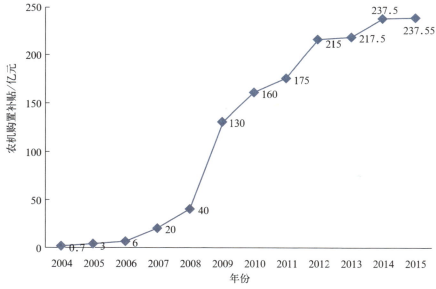

图6-5   2004—2015年农机购置补贴实施情况

数据来源：根据农业部农业机械化管理司统计资料整理。

6.6.2.2 补贴时效基本能够满足生产需要　　近几年，国家基本形成了补贴下达时间表，春耕之前公布最低收购价、下达种粮农民直接补贴和农资综合补贴等，在农产品集中上市期间执行农产品托市收购预案，以项目的形式下达农村金融补贴和基础设施建设补贴。

6.6.2.3 补贴方式基本形成了适应国情农情的多种形式　　补贴落实到户的方式一开始是以现金直接发放为主，后来为了操作简便和防止"跑冒滴漏"，逐步升级为"一卡通"拨付，并在全国推开。发放的形式多种多样，并且不断升级完善。例如，农机购置补贴曾经采取"确定补贴资格、农户差价购机、财政统一结算"的方式，后来升级为"农户全价购机、确定补贴资格、财政直补到户"的方式。在部分省份，农作物良种补贴的发放一度采取"财政向企业招标、低价向农户供种"的方式，后来与种粮农民直接补贴和农资综合补贴合并为"农业支持保护补贴"。农业保险保费补贴则采取"超低保费、补贴险企"的方式。在2012—2015年，国家还实施了农业防灾减灾稳产增产关键技术补助，发放以"联技计补、钱物兼容"为主，结合支农项目落实。此外，多种补贴以"农业生产者申请、财政部门项目制"的方式落实。

6.6.2.4 农民普遍从补贴政策中受益　　全国农村固定观察点调查体系2013年9月对全国15个省140个县1 700个农户进行问卷调查发现，各项农业补贴政策落实情况总体较好。从种粮农民直接补贴看，103个县的种粮农民直接补贴金额增加，县均增加37.5万元。获得种粮农民直接补贴的农户比重为88.3%，户均补贴金额实现了增长。从农作物良种补贴看，101个县的农作物良种补贴范围保持稳定并有所扩大，县均补贴1 158万元，85.4%的农户获得了农作物良种补贴，户均获得补贴147.3元。从农资综合补贴来看，补贴金额增加，对种粮大户、家庭农场和农民专业合作社有所倾斜。105个县共发放农资综合补贴66.4亿元，县均6 325万元，亩均82元。有28个县的农资综合补贴向种粮大户、家庭农场和农民专业合作社倾斜。有71.2%的农户获得了农资综合补贴，户均653元。从农机购置补贴看，132个县农机购置补贴增加，县均补贴资金1278万元，有64个县享受补贴的农机种类比上年有所增加，分别有48个、31个、51个和51个县分别将种植业机械、林业机械、抗旱节水机械和农产品加工机械纳入农机购置补贴范围。获得种植业机械购置补贴的农户占73.8%，获得林业机械购置补贴的农户占7.1%，获得抗旱节水机械购置补贴的农户占11.9%，获得农产品加工机械购置补贴的农户占7.1%。从农业保险保费补贴看，补贴金额有所增加。77个县获得保费补贴总额为7.7亿元，县均大约1000万元，平均每个农户获得的保费补贴为155.5元。

　　6.6.2.5　鼓励了农民和社会资本对农业的投入　　各类农业补贴增加了经营农业的收益，提升了农民和社会资本持续投资农业的积极性。2016年民间对第一产业的固定资产投资完成额超过1.5万亿元，2012年以来年均递增22.4%（图6-6）。农业补贴政策助推了农民工、退伍军人、大学生返乡创业创新，一定程度上激发了农村地区"大众创业，万众创新"的热情。全国农村固定观察点调查体系2016年11月对20个省（自治区、直辖市）192个县（市、区）201个村9 555个农户进行了调查，发现2012年以来有3.1%的农户有家

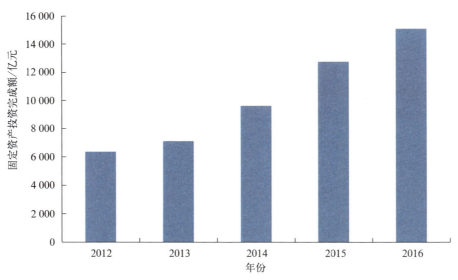

图6-6　2012—2016年民间对第一产业的固定资产投资完成额

数据来源：国家统计局公报。

庭成员返乡创业，其中从事农业及相关行业的比重占47.3%。如果以此推测，2012年以来全国至少有682万个农民工等各类主体返乡、下乡创业就业，其中返乡从事农村一二三产业融合发展的接近323万个。

6.6.2.6 促进了农业结构调整优化 2016年以来，农业补贴政策配合整个农业供给侧结构性改革，一定程度上促进了农业发展的"调结构、转方式"。例如，配合玉米临时收储制度取消，我国实施了玉米生产者补贴政策。全国农村固定观察点调查体系2016年11月对黑龙江、吉林、辽宁、内蒙古4个省（自治区）56个县（市、区）60个村3254个农户进行了专项调查，发现农户获得的玉米生产者补贴亩均达到145.30元，户均3228.42元（表6-8）。在取消临时收储、实施玉米生产者补贴等政策配合下，玉米价格向市场价格回归，2016年籽粒玉米种植面积调减3000万亩左右。

表6-8 2016年部分省份玉米生产者补贴实施情况

单位：元

省份	亩均补贴	户均补贴
黑龙江	144.88	6 965.02
吉林	147.41	2 519.15
辽宁	140.35	1 300.90
内蒙古	174.95	1 839.69
总计	145.30	3 228.42

数据来源：根据专项统计数据计算。

6.6.2.7 配合了粮食安全战略和重要农产品有效供给 一系列农业补贴政策有效地保障了农民务农种粮和地方重农抓粮的积极性。自2004年以来，中国粮食连年增产。2015年，粮食产量已达6.21435亿吨，取得了历史性的"十二连增"。在农业补贴政策支持下，大豆、糖料、棉花、油料等重要农产品生产下滑势头在一定程度上得到遏制，杂粮、饲草、蔬菜等地方特色优势农产品也保持了较好的发展势头，生猪生产持续调优调精，肉牛、肉羊、牛奶、禽蛋等产业加快发展。

6.6.2.8 农民满意度较高　全国农村固定观察点调查体系2014年3月对19个省份190个县（市、区）208个村4 385个农户进行了调查，发现农户对农业补贴政策的执行结果满意度整体较高。根据对农户的调查分析，种粮农民直接补贴、农作物良种补贴、农机购置补贴、农资综合补贴等农业"四补贴"和退耕还林补贴得分均值都超过了4分（满分为5分）。从补贴方式看，实行直接补贴方式的种粮农民直接补贴和农资综合补贴在各项补贴政策中得分最高。在对所有"三农"政策执行情况的评价上，农户对农业补贴政策满意度评分最高，为4.12分。

6.6.3 现阶段我国农业补贴存在的问题

6.6.3.1 农户人均补贴微薄　我国农业补贴门类不断扩展，"大农业"领域的财政支出规模不断扩大。2015年，我国农林水事务支出已达1.72万亿元，即使仅计算"三项补贴"、农机购置补贴、农业生产补贴、农业保险补贴和农产品价格支持，其总额也已经超过5 800亿元。即使是仅仅计算到户的、进入农民收入的补贴，在单位面积上也已经超过美国。但是，户均补贴额度却十分微薄，大大低于美国（表6-9）。这其中的主要原因在于，我国农业经营规模过小，而补贴往往是普惠制的，其依据一般是承包经营耕地面积。农业补贴被细小的经营规模摊薄，一个很严重的后果就是，农业补贴达不到激励效果，也因此在成本收益角度显得并不经济。

表6-9　中美到户农业补贴比较

单位：元

年份	中国		美国	
	每公顷补贴额	户均补贴额	每公顷补贴额	每农场平均补贴额
2004	89.20	62.82	249.01	20 583.52
2005	101.51	72.60	240.67	20 041.62
2006	201.48	146.83	246.51	18 978.23

(续)

年份	中国		美国	
	每公顷补贴额	户均补贴额	每公顷补贴额	每农场平均补贴额
2007	350.76	238.89	230.42	16 969.10
2008	712.31	492.62	213.65	15 952.77
2009	745.15	526.27	200.97	14 719.96
2010	745.15	540.58	200.13	14 587.83
2011	830.59	600.54	185.92	13 704.64
2012	1009.69	746.33	190.07	13 637.14
2013	1003.94	756.94	169.10	12 132.54

注：2014年之后，我国建立了针对新疆棉花和东北大豆的农产品目标价格补贴政策，美国取消了直接补贴。

数据来源：根据中国统计年鉴、美国农业部经济研究局等数据整理计算。

6.6.3.2 农业补贴对农民增收的边际效果呈下降趋势

随着我国经济发展和农业比较效益的下降，农业补贴一度被当作一种提高农民收入的手段。实际上，我国农业以分散的、小规模农户经营为主，这一国情农情决定了农业补贴落实到户也是分散、小额的，因此，农业补贴对农民收入的边际贡献较小。基于全国农村固定观察点的农户微观数据，针对我国农业补贴促进作用进行定量分析，结果显示，农业补贴对农民收入有促进作用，但边际效果呈下降趋势。从动态变化上看，2004年农业补贴对农民增收的边际效果比2003年增加的幅度较大，此后下降，至2007年再度提高，这与补贴增加的力度有很大关系，2008年补贴力度因应对粮价下跌等再度增加，此后增收效果出现了递减，至2012年政府转移支付对农民收入促进效果不明显，此后再度明显，又再度下降（图6-7）。此外，以农业补贴较大幅度提高农民收入，也超出了国家现阶段的财政承受能力。即使在美国、日本等发达国家，农业补贴的作用也只是稳定农民收入，而不是大幅提高农民收入。多年来，学术界和政策界有一种流行说法：美国农民获得的农业补贴占其收入的40%。而笔者根据美国农业部经济研究局的数据进行重新计算后发现，这一说法其计算依据是1999—2001年美国农业补贴金额占农业净利润的比例，其中农业利润要以总的农业收入扣除生产总成本，用这一标准衡量会夸大农业补贴在收入中的占比。实际上，就连这一夸大的数字也只是维持了3年，21世纪以来这一比例持续下降，2010年之后已经降低到10%以下。

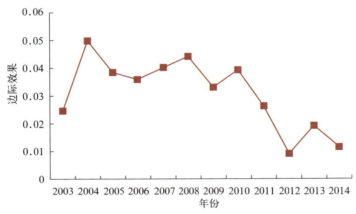

图6-7　农业补贴对农民增收的边际效果

数据来源：根据全国农村固定观察点调查体系每年截面数据回归计算。

6.6.3.3 刺激农业生产发展的作用呈现出递减态势

从宏观层面上看，我国粮食总产取得了历史性的"十二连增"，但补贴对粮食产出的贡献越来越小。2004年，农业补贴从无到有，其增量与粮食增产量的相关系数曾经高达0.52，到2007年该相关系数已经下降至0.06，此后几年已经接近于0。针对农民种粮意愿的调查研究表明，农民选择种粮的首要因素一般是粮食价格和市场情况，而并非种粮补贴。甚至有76%的农民基本不清楚农业补贴发放的依据。尤其是，因为小规模分散经营的基本国情农情，直接发放到户的"撒胡椒面"式的小额补贴很难集中用于农业生产。非常可能的情况是，补贴进入户主个人账户后，被其用于食品、饮酒、人情往来等家庭消费，而不是完全用于提升农业综合生产能力。

6.6.3.4 相关政策的协调配合机制不足

目前，我国部分新增补贴强调对某一具体产业的支持，对形成农业生产发展、农民收入增长的长效机制着力不大。例如，2016年年初，我国宣布取消玉米临时收储政策，改为"市场化收购+生产者补贴"的新机制。但是，临时收储政策取消后，却没有强调托底收购仍然继续实施，一定程度上助推了玉米价格的下跌趋势。而且，实施玉米生产者补贴，导致玉米和大豆种植收益无法拉开，也对"调减玉米、扩充大豆"的实际目标一定程度上有所背离。根据上述全国农村固定观察点调查体系2016年针对东北地区的专项调查，玉米亩均产品收益加上亩均生产者补贴为560.61元，大豆亩均产品收益加上亩均目标价格补贴为488.37元，二者仍有较大差距（图6-8）。由于缺乏政策协调性，主要作物比价关系变相鼓励了东北部分地区"旱改水"，导致井灌稻种植面积扩大，对粮食主产区的生态环境造成了潜在威胁。实际上，无论是目标价格补贴，还是生产者补贴，如果不能在政策表述上与播种面积脱钩，基本上是对"黄箱"补贴的一种"不打自招"，导致世界贸易组织框架下我国部分农产品"黄箱"补贴规模持续膨胀，甚至有"破箱"风险。再如，补贴落实到户的过程中，细目比较模糊，农户难以判断其补贴依据和来源，即使是新型农业经营主体也对结算方式一知半解，这就使得补贴的激励效应有所降低。

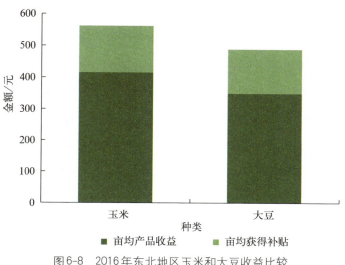

图6-8 2016年东北地区玉米和大豆收益比较

数据来源：根据专项统计数据计算。

6.6.3.5 未能充分顺应新型农业经营主体快速发展的形势 目前，大部分补贴发放依据是承包农地的面积。在绝大部分农户经营规模较小的情况下，这种公平优先的补贴发放依据曾经适应了我国农业分散经营的基本国情。然而，近年来，新型农业经营主体快速发展，农业经营规模不断扩大，土地流转比例迅速提高。据国家农业部门统计，我国农村土地流转比例从2007年底的5.4%增长到2015年底的33.3%，年均增长3个百分点以上。这种情况下，再强调补贴均等发放就难以适应新型农业经营主体的需求。尤其是，家庭农场和合作社等新型农业经营主体对社会化服务、农业机械、农业保险、信贷担保等产生了多元化、多样化的需求。党的十八届三中全会之后，农地所有权、承包权以及经营权"三权并行分置"，这为新增补贴向规模经营主体倾斜创造了制度条件。2016年农业信贷担保联盟建立，随着相关体系建设完善，农业补贴向适度规模经营主体倾斜有望逐步具备体系上的条件。

6.6.4 我国农业补贴政策的改革方向

我国经济发展进入新常态后，宏观经济、财政收入增速放缓，市场对农产品质量和安全提出了更高的要求，我国农业与国际市场融合程度加深，农业生产资源环境矛盾凸显，迫切需要持续推进农业供给侧结构性改革，加快农业农村发展新旧动能转换。在这一背景下，农业补贴政策也应当做出适时调整。以往的农业补贴政策主要依靠大幅增加财政投入，新阶段则需要对财政支农资金进行整合集约使用；以往的农业补贴政策目标主要指向为增加农产品产量，新阶段则需要"保供给""提质量""优生态"协调并行；以往的农业补贴政策主要立足国内，新阶段则需要统筹国内外资源、市场、制度；以往的农业补贴政策鼓励增加资源要素投入，新阶段则需要促进生产发展与资源环境承载力相匹配。

6.6.4.1 明确补贴目标，探索实施农民收入补贴制度 借鉴发达国家经验，建立农民从农业生产经营中获得稳定收入的"安全网"。在完善目标价格补贴政策的同时，探索建立目标收入补贴制度，稳定农业经营收入。尤其是，在粮食生产功能区和重要农产品保护区，根据历史单产和农作物播种面积，为农民和新型农业经营主体提供经营土地单位面积的保底收入。在健全全国农业信贷担保体系的基础上，探索建立营销贷款援助制度，以未来收获的农产品为抵押担保，为农民提供生产经营性贷款。为了增强政策的协调性，可以提供目标价格补贴、农产品收入补贴和农产品收入保险等不同的农业补贴方式，由农户和新型农业经营主体自由选择。

6.6.4.2 优化补贴机制，提高财政支农资金使用效率　　归并整合涉农资金，集中财力物力，提高农业综合生产能力。继续开展粮棉油糖高产创建，支持种粮大户、家庭农场、农民合作社、产业化龙头企业等新型农业经营主体向现代农业产业园、科技园、创业园集聚，开展高产示范，带动技术、管理经验等推广至小规模农户。继续健全和完善粮食主产区利益补偿机制，参考美国等发达国家土地开发权赎买的经验，根据主产区对国家粮食安全的贡献，增加产粮（油）大县奖励、生猪（牛羊）调出大县奖励。进一步，根据财政平衡的状况，建立粮食产量、商品量和利益相挂钩的机制，缩小产粮（油）大县和生猪（牛羊）调出大县与东部沿海县市财政收入的差距。

6.6.4.3 调整补贴思路，建立支持"三农"长效机制　　探索并完善农产品目标价格补贴制度，及时公布农产品的目标价格，尝试一次性出台未来三到五年的指导性目标价格，形成农业补贴随生产成本、市场形势变化的长效机制，给农民和新型农业经营主体稳定的预期。完善政策性农业保险制度，加大保险保费补贴力度，开发适合中国国情的农产品收入保险产品。加大财政投入力度，推进部分农业生产环节补助政策的常态化，开展病虫害统防统治补贴等新的与科技推广挂钩的补贴政策试点，以政策的实施和完善为契机，促进科研、教育和推广的结合。在政策宣传和国际农业谈判的过程中，必须澄清新增补贴并没有扭曲市场，也没有向农户提供任何形式的价格支持。

6.6.4.4 扩大补贴对象范围，促进补贴向新型农业经营主体倾斜　　建立健全补贴向新型农业经营主体倾斜的机制。在有条件的地方探索开展按实际粮食播种面积或产量对生产者补贴试点，提高补贴的精准性、指向性。在农机购置补贴中划出专门资金，对农机大户和合作社购置无人机、机器人等新型机械设备进行补贴。采取以奖代补的方式，对部分服务范围广、操作水平高、信用评价好的农机大户或者合作社，直接奖励大型农机具或重点作业环节农业机械。探索建立适应农业适度规模经营的农业金融保险制度，提供多层次的可供市场主体自主选择的参与式保险、信贷等产品。

6.6.4.5 拓展补贴门类，支持农业可持续发展 健全以绿色生态为导向的补贴制度体系，重点支持农产品提质增效、修复治理农业生态、建设高标准农田、培育农村新产业新业态等方面。在东北地区和其他适宜的粮食主产区，实施轮作休耕补贴，逐步形成"粮豆轮作""粮饲轮作"的科学轮作方式，这一补贴可以在黑龙江垦区先行试点。近期，为控制东北地区井灌稻面积，可以尝试取消井灌稻生产主体的各项补贴、补助和其他资金支持。在华北平原地区，以雨热同期的玉米、抗旱省水的杂粮和油葵、冬闲田适宜种植的黑麦草等低耗水作物播种面积为补贴依据，主动调优调精耗水作物的种植。在南方部分重金属污染地区，以补贴为引导，扩大高粱等高秆、重金属吸附能力弱的作物种植。在部分生态较为脆弱和污染严重的地区，实施休耕补贴和退耕还林计划，科学涵养生态环境。加快南方水网地区生猪养殖转型升级，引导畜禽养殖业向玉米主产区、牧草主产区和环境容量大的地区转移，继续扩大种养结合整县推进试点范围。结合生态农业发展、美丽乡村建设、畜禽养殖污染治理、测土配方施肥等重点项目，探索农家肥施用补贴，促进有机肥按土地需求均衡利用。

6.6.4.6 创新补贴方式，理顺政策作用路径　将粮食生产功能区、重要农产品保护区、特色农产品优势区、国家现代农业示范区、农业可持续发展试验示范区与财政部门农业补贴数据库相结合，在建立健全新型农业经营主体信息直报平台的基础上，摸清传统农户和新型农业经营主体每年的补贴收益，为农业补贴政策制定和执行提供"大数据"决策支持。借鉴美国经验，探索支持互联网金融机构，为农业经营主体提供信贷、信用保障、补贴结算和农业保险理赔等金融服务，进一步用"互联网+"整合购销、收储、物流、农机等，形成为农服务综合平台作用。

解读

哪些农业保险被纳入了中央财政补贴范围？

政策性农业保险是以保险公司市场化经营为依托，政府通过保费补贴等政策扶持，对种植业、养殖业因遭受自然灾害和意外事故造成的经济损失提供的直接物化成本保险。政策性农业保险将财政手段与市场机制相对接，可以创新政府救灾方式，提高财政资金使用效率，分散农业风险，促进农民收入可持续增长，是世界贸易组织所允许的支持农业发展的"绿箱"政策。

纳入中央财政补贴范围的农业保险险种标的包括：

种植业：玉米、水稻、小麦、棉花、马铃薯、油料作物、糖料作物。

养殖业：能繁母猪、奶牛、育肥猪。

森林：已基本完成林权制度改革、产权明晰、生产和管理正常的公益林和商品林。

其他品种：青稞、牦牛、藏系羊、天然橡胶以及财政部根据党中央、国务院要求确定的其他品种。

为促进我国制种行业长期可持续发展，稳定主要粮食作物种子供给，保障国家粮食安全，2018年8月9日财政部、农业农村部、银保监会三部门共同印发了《关于将三大粮食作物制种纳入中央财政农业保险保险费补贴目录有关事项的通知》，自此标志着水稻、玉米、小麦三大粮食作物制种被正式纳入农业保险保费补贴目录。

📖 案例

重庆市梁平区农村集体产权制度改革

重庆市梁平区在推进农村集体产权制度改革进程中形成了一套成熟的改革办法和配套机制，并取得了良好的推广价值。

梁平区通过制定改革方案、清产核资、确认成员身份、强化农村集体"三资"管理等措施，因地制宜探索了适合当地的股份合作形式，成员依法取得的农村集体资产股权份额全部入股组建农村集体经济组织，用股份、股金上的差别来体现原建制村组之间资产量的不等。同时设置股权静态管理，按"分类确定、经营为要、适度估价、成员认可"的办法进行可量化资产确认及价值评估，将集体可量化资产量化到人、确权到户，最大限度地保证起始公平。

截至2017年6月，梁平区已完成258个村、1 902个组的量化确权和股份合作制改革，占全区涉农村级单位总数的81.4%，涉及200 653户，确认成员620 510人，配置成员股份620 510股，量化确权资产18 986万元；部分集体经济组织已实现分红，如梁山街道东池社区股份经济合作社年实现经营净收入55万元、每股分红370元，竹山镇文家坝社区股份经济合作社2015年每股分红20元、2016年每股分红40元。

7 乡村振兴济巨川
——2035年的农业展望

　　准确地预测我国农业的未来发展趋势是件非常困难的事，但同时也是件很重要和很必要的事。因为，农业展望不仅对投身农业的从业人员具有重要的指导意义，还对国家的宏观决策参考提供了一定的政策空间。2018年1月2日发布的中央1号文件即《中共中央国务院关于实施乡村振兴战略的意见》中，首次将乡村振兴提升到战略高度，将其作为新时代"三农"工作的总抓手，并对我国2035年农业的总体发展情况进行了合理展望。到2035年，我国乡村振兴将取得决定性进展，农业农村现代化基本实现。农业结构得到根本性改善，农民就业质量显著提高，相对贫困进一步缓解，共同富裕迈出坚实步伐；城乡基本公共服务均等化基本实现，城乡融合发展体制更加完善；乡村文明达到新高度，乡村治理体系更加完善；农村生态环境根本好转，美丽宜居乡村基本实现。

　　"莫道征途路漫漫，愿效江水去不还；大势所向天地宽，终究奔涌归浩瀚。"我国农业发展的未来趋势虽然很难被精准预测，但美、日等发达国家及欧洲先进的农业发展理念却为我国农业未来的发展提供了一定的借鉴。到2035年我国的农业发展基本实现现代化，而推进农业农村现代化需要农业生产体系、农业经营体系以及农业产业体系"三大体系"共同支撑，因此对我国2035年的农业发展趋势进行展望，有必要分别对农业生产体系、农业经营体系以及农业产业体系"三大体系"进行一一展望。

7.1 2035年的农业生产体系

7.1.1 2035年农业生产体系的内涵

2035年的农业生产体系主要是用现代物质装备武装农业，用现代科学技术服务农业，用现代生产方式改造农业。农业科技创新的应用成果达到一定先进水准，农业良种化、机械化、科技化、信息化和标准化已经基本实现，农业综合生产能力和抗风险能力达到国际领先水平。高度机械化作业的规模化大田种植业模式、高度集成性的现代设施园艺业模式、高度综合性的节约养殖业模式、高度现代化的特色种养业模式、高度完善的乡村旅游度假模式等形态各异的农业生产模式将在我国不同地区、不同区域得以实现。

7.1.2 2035年农业生产体系的场景实践

在需求端，以大数据确定整体产品的需求特征，并对每个特征进行定价，根据产地评估成本，以利润最大化为目标，构建相应的模型，规模经营主体以主体或联合体为单位进行核算，小农户以地区为单位进行核算，确定最优化的农业种养加结构，提出种子（苗）、种禽（畜）需求。对每个主体的每块耕地进行耕地质量大数据的管理。

在大田里，无人驾驶的农机进行耕地，犁、耙等农具上整合传感器，根据土壤墒情分块实时调节耕作深度、播种深度，根据土壤质量分别施用底肥、合理浇水，自走式的农机、无人机根据农时和土壤质量进行追肥，肥料部分直接来自养殖场，畜禽粪便自动干湿分离，分别进行安全处理，与秸秆综合利用形成有机肥，并且与高效缓释化肥综合施用，为农作物供应有机绿色的肥料。无人机能够根据病虫害轻重程度和天气状况，随时起降施用低度、低残留甚至无残留的绿色农药，昆虫天敌将在田间随处可见，生物防治变成现实。在园艺领域，各种高科技设施随时调节温度、日光、湿度，病虫害以生物防控为主，施肥主要是有机肥。根据天气变化，气象部门会对天气进行人工干预。收获时，自动驾驶农机进行大田收获，采摘机器人对园艺作物进行收获。无论是大田作物秸秆还是园艺作物秸秆，都根据土壤情况和天气预测，打碎翻入耕地，也有一部分会根据其属性自动收储运，进入综合利用的加工渠道。饲用粮食、秸秆经过处理之后，进入养殖场成为饲料。

在养殖场里，奶牛、生猪、禽类等听着音乐，做着按摩，机械化挤奶、喂料等成为现实。奶牛、生猪、鸡、鸭等畜禽在养殖场里自由地漫步，为人类提供有机绿色畜禽产品。根据防疫进度定期免疫，畜禽粪便无害化处理，干湿分离，直接进入养殖场旁边的耕地。需要屠宰的牲畜，以讲究动物福利的方式，一次性电击进入深度休眠，之后进行屠宰、放血，科学分割、评级、定价。疫情防无可防时，在疫区就地以安乐死的方式扑杀，病死和安乐死的畜禽单一渠道直接进入无害化处理。远洋渔船根据渔业资源科学布局、航行，根据世界协议和捕捞配额进行科学捕捞。

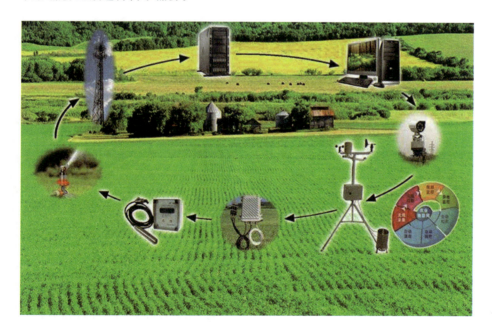

7.2 2035年的农业经营体系

7.2.1 2035年农业经营体系的内涵

2035年的农业经营体系将基本实现适度规模经营，农民专业合作社、农业型企业以及高素质农民已经成为农业社会服务体系的重要力量。农业经营的集约化水平、组织化水平、规模化水平、产业化水平都达到了一定的高度。2035年，农业分工基本完成，小农户和现代农业发展实现无缝对接，农业经营体系分层化、规模化、专业化和规范化等特点显著。

7.2.2 2035年农业经营体系的特征

（1）分层化。发展经济学认为，随着经济总量的增加，农业就业人数和农民产值在国内生产总值中的比重均会出现一定比例的下降。因此，随着我国城镇化、工业化的持续推进，2035年普通农户和农业从业人员数量与现在相比将会有很大程度的下降，但会有更多的新型经营主体进入农业，2035年的农业发展将呈现出开放的态势，主体分层趋势不可避免。

（2）规模化。2035年，新型农业经营主体的主要发展方向将聚焦在规模化经营产生的经济利润上。虽然目前家庭农场、农民合作社、农业企业的数量还处于上升阶段，但2035年家庭农场、农民合作社、农业企业的数量将有不同程度的下降，随之而来的是单个农业经营主体的经营规模扩张，资源配置更加均衡，效益基本实现最大化。随着农业经营周期的延长、农户经营经验的累积、经营能力的增强，我国2035年农业规模经营的面积将基本达到与农村资源条件相匹配的最优规模。

（3）专业化。农业生产专业化不仅是社会分工在农业产业链中深化的必然结果，还是我国农业发展的客观规律。2035年农业经营的专业化将主要体现在经营产业高度集中化、经营主体高度职业化、农业生产服务业高度发达三个方面。不同的农业经营主体能够充分利用自身的比较优势，不同农业经营主体生产各自最为擅长生产的农产品。同时，农业协会、专业协会等能够为农业经营主体提供全程系列化服务。

（4）企业化。2035年的农业经营主体法人化特征将日趋显著，经营方式更加企业化，农业竞争力也不断提升。农业经营主体的企业化特征会促使农业用地更加集中，经营能力强的农业经营者将拥有更多的土地使用权，补贴也将向职业农民和农业组织的法人适度倾斜。但需要注意的是，农业企业化经营是一个长期追求和实现的过程，即使到了2035年，农业经营主体的企业化也绝不是唯一的发展取向。

（5）规范化。2035年的农业经营主体将基本完成量变到质变的转型，新型农业经营主体将更加规范。规范发展的各类新型农业经营主体，是培育和发展农业产业化联合体的微观基础。2035年，农业经营主体在决策管理和生产经营等环节将基本实现分离，普通农户和新型农业经营主体以及农业现代化的利益联结机制更加牢固，农业职业经理人制度的优势基本显现。

7.3　2035年的农业产业体系

7.3.1　2035年农业产业体系的内涵

2035年的农业产业体系，将基本实现"优、高、精"三个标准。无论是新产业还是新业态都将得到一定程度上的壮大，"农业全产业链、农业价值链"体系基本形成，种植业、畜牧业、林业、渔业、农产品加工流通业、农业服务业都得到不同程度上的转型升级，农村一二三产业高度融合，农业产业的整体竞争力得到极大提升。

7.3.2 2035年农业产业体系的不同维度

从横向上看，2035年的农业生产结构和区域布局将得到大幅优化，集生产生活、体验和生态功能于一体的复合型农业基本形成。高新技术在农业生产领域发挥巨大作用，农业生产、农产品加工、农产品流通仓储等技术性难题得到极大缓解，农业产业体系各环节的技术贡献率和技术支持水平有了长足进步，技术主导型的现代农业产业体系成为现实。无论是畜禽养殖结构还是农作物种植结构，都将形成与市场需求相适应的现代化农业生产结构，区域比较优势得到充分利用，与资源禀赋相匹配的现代农业区域布局取得阶段性胜利。

从纵向上看，2035年，各主体共同参与的完整农业产业链条将会形成，农产品加工业转型升级基本完成，农产品加工设备得到升级改造，农产品加工技术集成基地基本建成。资源化、减量化、循环化发展得以实现，秸秆等农业副产物得到循环利用、加工副产物得到全值利用、加工废弃物得到梯次利用。由鲜活农产品收集、加工、运输、销售等环节组成的冷链物流体系被广泛应用，无论是农产品电子商务平台还是农产品批发、零售市场，流通效率都得到极大提升。与此同时，以合作经济组织为基础、涉农服务机构为媒介、专业化农业企业为骨干、其他社会力量为补充，经营性服务和公益性服务相结合、普惠服务和特惠服务相协调的新型农业社会化服务体系初具规模。

从空间上看，2035年，我国农业与农村二、三产业之间的渗透程度、交叉程度将处于较高水平，产业融合一体、协调发展的格局基本形成。"农业＋互联网、大数据、物联网"等信息技术在农业发展中被广泛使用，智慧农业将成为现实，无论是农业的自动化水平还是智能化水平都得到极大提升。在订单农业、股份合作、利润返还等利益联结机制下，农业生产者、加工者、销售者和服务者紧密相连，农民可以充分享受到农业的生态功能、社会功能、文化景观功能以及农业与旅游产业、文化体育产业融合发展的增值收益。

 拓展阅读

智慧农业的4种解读①

解读一：智慧农业就是利用信息技术对农业生产进行定时定量管理，根据农产品（含粮食、水果和肉类等）的生长情况合理分配资源，实现农业生产的高效低耗、优质环保。

解读二：智慧农业就是将物联网技术运用到传统农业中去，运用传感器和软件通过移动平台或者电脑平台对农业生产进行控制，使传统农业更具有"智慧"。除了精准感知、控制与决策管理外，从广泛意义上讲，智慧农业还包括农业电子商务、食品溯源防伪、农业休闲旅游、农业信息服务等方面的内容。

解读三：智慧农业是集互联网、移动互联网、云计算和物联网技术为一体的农业生产方式，它与科学的管理制度相结合，让多种信息技术在农业中实现综合、全面的应用。在上海、山东、浙江等省份，智慧农业目前已进入知识处理、自动控制开发以及网络技术应用等阶段，渗透到农业各个方面。

---

① 盈纵启航.关于智慧农业的四大解读[EB/OL].(2018-12-04)[2019-06-03].http://www.qihangsoft.com/xinwen/1203.html.

解读四：智慧农业，说到底就是让农民的农业生产、加工、营销等更加"智慧"，简单通俗一点来说就是聪明点种地、聪明点养殖。

案例

智慧农业

1. 德州建成"农业工厂"

山东省德州市建成了该市首个智慧农业大棚，总投资1.7亿元，占地面积105亩，单体占地面积目前在国内最大。德州的智慧农业大棚是集环境控制、材料科学、现代生物技术、计算机科学等多种技术于一体的新型种植基地，首次定植番茄114 781株，实现了标准化、流水线式生产绿色高效农产品，是名副其实的"农业工厂"。

2. 南京实现用数据决策

江苏省南京市在全省率先推进市级智慧农业中心建设，中心运营一年来，建成了"11N"（1个集成展示平台、1个大数据平台、N个系统应用）模式，开发了农业产业信息地图系统、生鲜乳监管系统、农业电商分类分析系统等信息化软件，实现了用数据说话、用数据决策。

3. 榆中在田间地头覆盖Wi-Fi

甘肃省兰州市高原夏菜主产区榆中县，正在大力推进"互联网＋设施农业"模式，在田间地头覆盖Wi-Fi，实现农产品的全程溯源、智能监控、标准化管理和社交网络销售。据了解，榆中县目前已建成现代农业示范园区上千亩，配备了智能设备的蔬果大棚不仅提高了种植产量和生产效率，也保证了"舌尖上的安全"。越来越多的菜农在当地龙头企业以及专业合作社的带动下，投身智慧农业，增收致富。

4. 合肥创建物联网小镇

在安徽省合肥市包河区大圩镇，安徽朗坤物联网有限公司创建了物联网小镇，基于农业主产区行政镇建制单元，借助互联网、移动通信、云计算、物联网等技术手段，搭建大数据中心和运营中心平台，建立起网格化、信息化、智能化和现代化的管理模式。小镇智慧程度很高，农户只要点一下手机上的App，智能水肥一体化设备就可以实现为田间农作物精准灌溉、施肥。